목 늘어난 티셔츠가 지저분해 보이지 않는 이유

수수진

나의 벗, 김승현에게 이 책을 바칩니다.

여는 글

살면서 단 한번도 누군가에게 제대로 이해받고 있다는 느낌을 받지 못했다. 겉으로 티는 안나지만 매사 모두와 조금씩 어긋나는 느낌, 이 감각이 쌓이면서 어느새 나는 굳이 타인의 이해를 바라지도, 구하지도 않는 사람으로 성장했다. 나는 나고, 너는 너다. 나와 너는 영원히 결단코 절대로 그 간극을 좁히지 못한다.

어차피 그 누구도 나를 이해하지 못하기에 진

짜 내 마음에 있는 이야기는 할 필요가 없었다. 그저 실없는 농담을 던지고 우스꽝스러운 표정을 지으며 사람들과 관계를 맺었다. 그게 편했다. 대신 진짜 내가 하고 싶은 말, 진짜 내가 느끼고 있는 감정은 글로 썼다. 글로 써놓고 읽으니 참 희한하게도 내가 아닌 다른 누군가가 나를 완전히 이해하고 있다는 느낌을 받았다. 스스로 쓰고, 스스로 읽었으니 사실상 화자와 독자 모두 나 자신임에도 불구하고 신기한 경험이었다.

그래서 오랜 시간 독자 없는 글을 썼다. 스무 살초반에는 필사를 통해 작가의 언어를 빌려 하고 싶은 말을 대신했다. 대부분 무라카미 하루키의 글이다. 그러다가 스무 살 중반부터는 내 이야기를 쓰기 시작했다. 이러쿵저러쿵 그냥 하고 싶은 말을 했다. 그렇게 얼렁뚱땅 시작한 글이 마흔을 바라보고 있는 지금까지 이어졌으니 참 감사한 일이다.

　이제는 나와 비슷한 사람들을 만나, 아 충분히 이해받고 있구나, 라는 생각을 한다. 그들도 나처럼 글을 쓰거나 그림을 그리고, 노래를 하고 춤을 추며 물건을 만든다. 창작이라는 도구를 통해 자기 자신과 세상에 대한 이해를 넓혀가고자 애쓰는 사람들이다.

　『목 늘어난 티셔츠가 지저분해 보이지 않는 이유』라는 책은 2018년에 스스로 만든 독립출판물이다. 다시금 새 옷을 입고 세상에 나올 준비를 하고 있다. 이 책은 스무 살 중반에 호주로 워킹 홀리데이를 떠났던 순간부터 직장인으로 생활하던 시절의 이야기와 프로젝트158이라는 개인사업자로 독립하게 된 초반의 이야기가 담겨있다. 여기에 있는 모든 기록이 나를 작가 수수진으로 알고 있는 분들께는 생소하게 느껴질지도 모르겠다. 작가라는 자아를 가지고 쓴 글이 아니라 혼란스러운 20대를 보낸 치기 어린 인간이 솔직하게 쓴 기록이다. 책의 후반부에 별책부록처럼 넣은 〈목 늘어난 티셔츠를 입고 쓴 글〉에는 최근에 쓴 글 몇 꼭지를 함께 실었다.

생애 과업에 따라 사는 게 인생의 전부라고 생각했던 시절이 있었고, 그래서 회사에 들어간 적도 있다. 살면서 예술이라는 건 단 한번도 내 인생에 추구할 만한 대상이 아니었는데, 지금은 예술이라는 언어로 내 삶을 표현하고 있다. 존경하는 김승일 시인의 문장으로 이 글을 마무리하려고 한다.

살아가는 삶과 창조하는 삶을 일치시켜 나아가는 것. 그것이 진정한 삶이고 예술이다.

그러니까 내 언어로 다시 말하자면, 결국 **사는 게 예술**이다.

목차

애매해서 가장 빛나는 20대 후반

딜레마

순수의 시대

인생의 황금기

이별 통보

동기를 갖고 살고자 했으나

꿈이 밥 먹여주냐?

드림카

비

요즘 미술관 방문기

진정한 의미의 휴식

똥물 뒤집어쓰고 앉아 있네

양파깡 감성

고양이가 좋아

결심과 이별

살기 위해 표현한다

잘 만난 한 명의 팀장, 열 동료 안 부럽다

당신들과 일할 수 없다

프로젝트158, 딱 지금처럼만

가방을 팝니다

부스러기, 그의 향기를 드러내는

관심 먹고 살아요

습작 금지

항상 불안한 나는야 서른 살

별책부록 〈목 늘어난 티셔츠를 입고 쓴 글〉

단정한 나만의 세계

잘 살고 싶어서 그런 거예요

내 안에 있는 패배자에게

우아한 위선의 시대는 가고 정직한 야만의 시대가 왔다

우리는 무엇을 위해 이토록

사는 게 딱히 재미는 없지만 그래도 살 만은 하다

풍요로부터 오는 권태냐 결핍으로부터 오는 고통이냐

당신이 믿는 것에 투표하세요

나와 결혼해 주오

하나님 오늘도 하루 잘 살고 죽습니다. 내일 아침 잊지 말고 깨워주십시오

엄마, 산다는 건 뭘까

지온, 아마도 산다는 건 이런 게 아닐까

맺음말

다시 호주에 왔다

　　다시 호주에 돌아왔을 때 심란한 기억
을 잊을 수가 없다. 앞으로 해외여행을 할 때 밤에 도
착하는 스케줄은 절대 잡지 않을 것이다. 장거리 비
행을 했으니 너무 피곤한 데다, 캄캄한 밤이니 제대
로 뵈는 것도 없다. 어둠과 함께 막연한 두려움은 실
체가 된다. 스트라스필드에 있는 게스트 하우스에
서 짐을 푸는데 얼마나 뒤숭숭한지 눈물이 줄줄 흘
렸다. 따뜻한 물을 마시러 부엌에 갔는데 바퀴벌레
가 한 마리도 아니고 3~4마리가 재빠르게 움직여

도망친다. 그것도 밥솥 근처에서. 수도꼭지 틀어 놓은 것 마냥 몇 시간을 울고, 앞으로는 절대 이렇게 우는 일 없을 거라 다짐하며 얼마나 몸을 부득부득 씻었는지 모른다.

처음에는 그냥 배낭여행이었다, 시드니 - 브리즈번 - 멜버른을 한 달간 여행하며 이 나라의 매력에 푹 빠져버렸다. 결국 한국에 돌아와서 워킹 홀리데이 서류 작성을 하고, 이민 가방을 싸서 다시 여기에 돌아왔다.

바퀴벌레와 함께 먹고 자는 게스트 하우스에서 벗어나야 했다. 시드니를 여행하며 서리힐즈에서 살아보고 싶다는 생각을 했는데, 괜찮은 가격에 여자 세 명이 모여 사는 조용한 집을 발견했다. 한인들끼리 살아서 쌀도 나눠 먹는 훈훈한 셰어하우스. 예술가들이 많은 지역이라 더욱 마음에 들었다.

　거주지가 해결되어서 기뻤지만, 동시에 일자리에 대한 두려움이 컸다. 여행할 때는 워킹 홀리데이 비자만 있으면 일자리가 쉽게 구해질 거라고 생각했는데 막상 오랜만에 영어를 쓰려니 뇌와 혀가 마구 꼬였다. 미국에서 공부한 나에게 특히 호주식 영어는 생소했다. 아르바이트를 하더라도 글로벌 회사에서 일하는 게 좋을 것 같아 전부터 계획했던 러쉬나, 자라 같은 곳에서 면접을 봤지만, 현지인들에게 밀리는 건 어쩔 수 없었다. 일자리 때문에 너무 스트레스를 받아 또 눈물을 흘렸다. 이렇게 눈물이 많았나 싶을 정도로 자꾸 작아지는 모습이 싫었지만 감당이 되질 않았다.

　잘 다니던 회사도 때려치우고 온 건데, 그리고

얼마나 큰 소리를 치고 왔는지 도저히 가족들에게는 힘들다는 내색을 할 수 없었다. 우선 차분히 생각해 보기로 했다. 영어를 원어민만큼 할 수 없으니 현지인들과의 경쟁에서 당연히 밀릴 수밖에 없다. 게다가 호주에서는 일해본 경험이 전혀 없기 때문에 작은 아르바이트 자리 찾기도 쉽지 않을 것이다. 그렇다면 많은 워킹 홀리데이 친구들이 하는 레스토랑 서빙 같은 일을 시작하는 건 어떨까? 한인들이 운영하는 식당은 워킹 홀리데이 비자를 쉽게 고용하고, 비록 호주법에 명시된 최저 임금보다는 적게 주지만 생활비로는 충분한 금액이라 나쁘지 않다. 한인 사장이 운영하는 식당과 카페에 이력서를 냈다. 면접을 보러 오라는 곳이 있어 괜히 자존감도 회복되는 것 같은 기분이 들었다.

그러나 내가 간과한 것이 있었다. 모두가 그런

것은 아니지만, 일부 한인 사장들이 근로법에 명시된 시급보다 약간의 낮은 비용을 현금으로 지급하며 아르바이트생을 고용하는 이유는 세금 문제 때문이다. 정식으로 노동자를 등록할 경우 세금 신고를 해야 하는데 별도의 등록 절차 없이 적당한 금액을 근로자에게 현금으로 지급하면, 누이 좋고 매부 좋다는 식이다. 고용주나 근로자 모두 세금을 내지 않아도 되니 편하지 않은가? 하지만 괜히 꺼림칙한 기분이 든다. 그래서 다시금 정신을 차리기로 했다. 늦더라도, 밥 한 끼를 못 먹더라도, 비록 아르바이트라고 할지라도, 돈은 정직하게 벌자.

사소한 것에서 타협하기 시작하면 끝도 없다. 제대로 된 곳에서 당당하게 일하자. 그런 일은 구하기 어렵다고는 하지만, 참자, 끝까지 참아보자.

솔직해지자

그래, 솔직히 워킹 홀리데이 비자까지 받을 일은 아니었다. 여행을 하다가 마음에 들었던 건 시드니, 브리즈번, 멜버른 중 아무 도시도 아니었다. 진짜 마음에 들었던 건 브리즈번의 한인 게스트 하우스에서 만난 그 애, 나는 그 애가 너무도 마음에 들었다. 지금 돌이켜보면 왜 그렇게까지 이 아이에게 푹 빠졌던 건지 스스로 이해가 잘 안된다. 하지만 기억을 더듬어 생각해 보면, 시드니에서 고열로 기절했다가 겨우 살아나 브리즈번행 비행기를 탔고, 한결 따뜻해진 공기와 도시의 분위기는 내 마음의 빗장을 활짝 열어 젖혔다. 그래서인지는 모르겠지만, 처음 그 애를 보자마자 사랑에 빠졌고, 그의 첫 키스 상대가 나라는 사실까지 알았을 때 나는 거의 머리가 돌 지경이였다. 내가 너 영원히 책임질게. 드디어 나의 마지막 사랑을 여기에서 만나는구나. 그와 영원히 함께하기 위해서라면 모든 걸 감당할 자신이 있었다. 그와 나는 함께 귀국했고, 서울에 돌아와서 나는 워킹 홀리데이 서류를 작성하고, 그 애는 그의 워킹홀리데이 비자를 연장해 나와 함께 시드니로 다시 돌아가게 되어 있었다.

만약 우리가 같은 비행기를 타고 시드니에 도착했다면 이 책에서 다룰 내용이 참 많이 달라졌을 텐데, 어이없게도 그는 그날 비행기를 놓쳤다. 돈은 없고, 가진 거라곤 시간뿐인 우리 두 사람은, 인천에서

10시간이면 도착할 시드니를 돌아 돌아, 중국에서 일박까지 해야 겨우 도착할 수 있는 싼값의 경유 비행기를 택했다. 그런데 그가 비행기를 놓치는 바람에 나는 혼자서 중국에 도착해 이름도 모르는 어느 도시의 휑뎅그렁한 호텔방에서 혼자 덜덜 떨며 시드니행 비행기를 기다리게 된 것이다.

그와의 관계는 즉시 정리되었다. 이상하게도 우리 둘은 여행할 때의 낭만을 조금도 다시 끌어올리지 못했다. 이제는 타지에서 어떻게든 살아남아야 하고, 서로가 서로에게 도움이 되지 않으니 관계가 짐처럼 느껴질 뿐이었다. 영원할 것 같았던 사랑이 한순간에 끝나는 순간, 슬픈 건 둘째 치고 민망했다. 살면서 처음으로 "드디어 내 영혼의 짝을 찾았어. 그와 결혼할 거야." 동네방네 떠들고 무려 부모님에게까지 이야기를 했는데, 이렇게 허무하게 끝나버리다니.

　　하지만 감정 따위 사치일 뿐이다. 말도 제대로
안 통하는 이곳에서 어떻게든지 살아남아야 한다.
이제는 진짜 생존이 걸려있는 문제다. 잘못 빠진 사
랑에 대한 대가가 이렇게도 크다.

인생 직업, 카페 알바

맥스브레너(Max Brenner)는 호주에 가장 많은 점포를 둔 글로벌 기업인데, 새로운 디저트 문화를 만드는 것을 모토로 하는 초콜릿 카페 겸 스토어다. 이스라엘의 큰 식품기업에서 운영하고 있다. 호주 다음으로 미국, 필리핀, 싱가포르에도 점포를 두고 있으며 올해 말에는 러시아와 일본에도 맥스브레너 1호점이 각각 들어갈 예정이라고 한다.

이상은 맥스브레너 브랜드 교육에서 배운 내용

이다. 워킹 홀리데이 2주 차, 시드니에서 가장 바쁘다고 소문난 맥스브레너 맷 센터(Met centre)점에서 아르바이트를 시작하게 되었다. 지금 생각해도 맥스브레너에 들어간 건 대단한 행운이라고 생각한다. 기다린 보람이 있었다. 대학생 때 스타벅스와 커피빈에서 아르바이트를 했던 것이 나름의 경력으로 인정되어 특별한 트레이닝 기간 없이 바로 일을 시작할 수 있었다. 맥스브레너 티셔츠와 갈색 앞치마를 받아 들고, 사원증까지 받고 나니 이제 정말 뭐라도 된 듯한 느낌이다. 앞치마는 예전에 화실 다니던 시절이 떠오르게 하는 스타일이다. 아주 마음에 든다.

매니저는 경력을 보고 바리스타로 쓰고자 했지만, 라떼를 만드는 실력이 형편없는 관계로 당분간은 카페 운영 스태프로 일하게 되었다. 서빙하고 초콜릿을 판매하는 일, 설거지, 그리고 업장을 청소하고 마감하는 일을 한다. 몇 개월을 쉬었더니 활력이 넘친다. 그냥 매장에 들어가기만 해도 도파민이 솟는다.

호주와 한국의 '노동'에 대한 가치 인식은 조금 다르다. 내가 일하는 맥스브레너를 예로 들면, 마감이 밤 12시이기 때문에 1시간의 청소 시간이 주어진다. 그래서 정식 퇴근은 새벽 1시다. 네 명의 스태프가 함께 업장 마감을 하는데, 호주의 맥스브레너는 마치는 시간의 분 단위까지 계산해서 페이를 지급한다. 예를 들어 마감이 늦어서 새벽 1시 30분에 퇴근을 하게 된다면, 초과로 근무한 30분까지 모두 월급에 반영된다. 그래서 늦더라도 꼼꼼하게 일을 처리할 수 있다. 한국에서 아르바이트를 할 때는 추가 수당이라는 게 없었다. 매장 마감이 늦어서 퇴근이 늦으면, 아르바이트생이 일을 빠르게 못 해서 늦은 것이다, 라는 인식이 강했다. 맥스브레너에서 함께 일하는 동료는 일을 했으면 더 한 만큼 받는 게 당연하지 않냐고 되려 묻는다. 노동을 과제라고 생각하는 한국 문화와 달리, 노동을 노동 그 자체로 이해하는 이곳의 문화에서 비롯된 차이가 아닌가 싶다.

이렇게 호주에서 새로운 일을 시작하게 되었다. 겨우 설거지하고 청소하는 카페 아르바이트라고 생각할지도 모르지만 나에게는 더할 나위 없는 인생 직업이다. 맥스브레너는 내 커리어에서 가장 자랑스러운 스펙이 될 것이다.

목 늘어난 티셔츠가

지저분해 보이지 않는 이유

　　세계의 많은 청년들이 워킹 홀리데이 국가로 호주를 선택하는 데는 많은 이유가 있겠지만, 가장 큰 이유는 최저임금이 세계에서 가장 높기 때문일 것이다. 물가가 높음에도 불구하고 소득 수준 또한 높아서 삶의 질이 평균적으로 높다. 호주의 많은 도시들은 세계에서 가장 살기 좋은 도시 TOP 10에 들곤 한다. 워킹 홀리데이 비자가 가능한 국가들을 여러모로 검색해 보았지만 역시 호주가 가장 매력적이었다. 처음에는 대만이나 홍콩을 생각해 보기도 했지만, 호주의 환경과 최저임금에 대해 듣고 나서는 곧장 호주로 결정하게 되었다. 최저 시급이 높은 편이라 일주일에 파트타임으로 3~4일 정도만 일해도 월세나 생활비를 충당할 수 있다. 그래서 요즘 대부분의 시간 집에서 뒹굴뒹굴하다가 심심하면 공원에 나가 뒹굴뒹굴댄다. 이게 나의 일상이다. 한국에서 주중에 쉴 틈 없이 일하고, 야근하고, 주말이 되면 시체처럼 누워있다가 월요일 되면 울며 겨자 먹기로 출근하던 그 시절과는 완전히 다르다.

하지만 한국에서 온 워킹 홀리데이 친구들뿐만 아니라 유럽에서 온 다른 워홀러(워킹 홀리데이 비자를 가진 사람들을 일컫는 말)들을 보면 돈을 벌기 위해 혈안이 되어있다. 맥스브레너에서 만난 브라질 동료는 낮에 축구팀에서 일하고, 밤에는 맥스브레너에서 일하고, 새벽에는 백화점 클리너로 일한다. 무려 쓰리잡! 이 친구는 조금 극단적인 경우지만 대부분의 친구들이 그렇다. 나도 한때 욕심이 나서 투잡을 했는데, 지금은 그만뒀다. 일단 너무 피곤하니까 아프기 시작했고, 근육통이 걷잡을 수 없이 심해져서 내린 결정이었다. 딱 적당히 필요한 만큼만 벌기 시작하니 몸이 회복되었다.

멜버른을 여행하던 당시 만난 프랑스인이 있는데, 카우치서핑 사이트(배낭여행자를 위한 네트워킹 커뮤니티)를 통해서 만난 매우 친절한 사람이었다. 그도 여행자고 나도 여행자였으나, 그는 멜버른이라는 도시에 대해 매우 박식한 지식을 가지고 있었다. 그는 나의 퍼스널 여행 가이드를 자청해 시내 구석구석을 보여주고, 흥미로운 사실과 역사 이야기까지 들려주었다. 그의 지식도 그렇지만, 그 사람이 인상적인 이유는 본인 자신을 깊이 이해하고, 무엇보다도 스스로 자신만의 삶의 방법을 만들어 살아가고 있다는 사실이었다. 그는 살다 보니 자신의 심장을 뛰게 하는 건 여행이라는 사실을 발견했다고 한다. 그래서 카우치서핑 사이트를 통해 전 세계를 여행하면서 다양한 사람들의 도움을 받고, 도움받은 만큼 나누는 삶을 살고 있었다. 하지만 어딘가에 소속되어 일하는 것을 선호하지 않아, 일하고 싶지 않을 때는 정말 한동안 일을 하지 않는다고 했다. 그런 시기에는 소비를 최소한으로 줄이고, 또 필요할 때는 잠깐 일하며 돈을 벌고, 그러니까 정말이지 자신만의 방식으로 살아가고 있었다. 그의 목 늘어난 티셔츠가 지저분해 보이지 않았던 건 그는 적어도 그의 심장이 뛰게 하는 것이 무엇인지 알고, 그렇게 살고 있었기 때문이다.

대학을 졸업하면 반드시 회사에 취직해야 하고,

돈을 벌어야 하고, 사회의 일원으로서 쓸모 있는 삶을 살아야 한다고 굳게 믿어왔는데, 그와 함께한 시간 동안 이런 생각이 들었다. '아 나도 저 사람처럼 살고 싶다.'

예전에 한 언니가 호주 워킹 홀리데이의 가장 이상적인 삶의 모습은 카페에서 일하는 거라고 말했다. 그 언니의 말을 들으며 마음속으로 '언니, 저는 직장 그만두고 여기에 왔어요. 카페 아르바이트는 대학생 때 진작 청산했습니다.' 그러니까 뭐랄까 나는 일반적인 워홀러와는 다르고 싶었다. 모든 워홀러를 통틀어 가장 성공하고 싶었다. 그래서 부모님께 워킹 홀리데이 비자를 받겠다 말씀드리고 이를 허락 받는 과정에서, "이 비자로 호주에 가서 글로벌 기업의 인턴을 하겠습니다!"라고 확신에 차서 말씀드렸다. 그리고 나는 그때까지만 해도 정말 내가 그렇게 살 수 있을 거라 믿었다. 한국보다 더 큰 물에서 더 큰 조직에 들어가 더욱 쓸모 있는 사람이 되겠습니다! 그런데 현실은 지금 카페에서 일하며 겨우겨우 목에 풀칠해 가며 살고 있다.

고객의 주문을 받고, 설거지를 하고, 새벽까지 청소를 한다. 그러면서 삶에 대한 태도가 점점 바뀌어가는 것을 느낀다. 엄청난 양의 쓰레기를 치우고, 매장을 쓸고 닦으며 생각한다. 카페에서 일하는 삶도 글로벌 인턴으로 일하는 삶도, 다 똑같은 삶이잖아. 더 성공하고 덜 성공한 삶이 아니라, 그냥 다 똑같은 삶이잖아.

멜버른에서 만난 그 사람처럼 나도 이제는 목 늘어난 티셔츠를 입는다. 언젠가 나의 목 늘어난 티셔츠도 없어 보이거나 구질구질한 게 아닌, 자신만의

삶의 방식을 찾은 사람의 트로피가 되어있기를 바라

는 마음으로 말이다.

자연스럽게 사는 기분

일을 일주일에 서너 번밖에 안 하다 보니, 게다가 친구도 없어서 갑자기 시간이 많아졌다. 특별한 일이 없는 날에는 보통 집에서 누워있다가 블로그에 글을 쓰고 책을 읽다가 빨래를 하고, 가끔은 말도 안 되는 요리를 한다(처음 보는 현지 채소를 아무거나 사서 볶아본다든지, 괜히 실험 삼아 끓여 먹어본다든지 하는). 그리고 가끔 아파트에 있는 수영장에서 수영을 한다. 수영을 제대로 할 줄 몰라서 그냥 몸을 담가보는 정도이지만. 매일 이렇게 비슷한 일상을 살고 있는데, 심심하다는 생각이 들지 않는다. 그냥 모든 것이 자연스럽다. 기계의 알람 소리가 아닌 마음의 소리에 깨는 것도 좋고, 출근을 위해 억지로 잠들지 않아도 되니 더 좋다. 처음에는 이런 여유가 익숙하지 않아 뭐라도 해야겠다는 생각에 억지로 몸을 이끌고 나가보기도 했지만, 이제는 그런 것까지 내려놓았다. 주말이니 즐겨야 한다는 강박도 없어졌다. 예전에 주말만 되면 어떻게든 약속을 만들어 기어나가던 모습이 생경하다.

지금의 시간을 괜한 미사여구로 꾸미고 싶은 생각도 없다. 그저 주어진 여유를 정말 여유 그 자체로 즐길 수 있는 방법을 알게 되었다. 이렇게 시간에 얽매이지 않고 살아본 건 처음이다. 마치 강물처럼 흐르며 자연스럽게 사는 기분?

힘들다

나의 스물다섯은 혼돈의 시기였다. 그
혼돈의 시기를 거쳐 온 스물여섯, 지금의 이 청춘, 이
시간이 얼마나 소중하게 느껴지는지 모른다. 치열한
고민과 생각 끝에 얻어낸 인생에 대한 관대함. 그것
은 지금의 나를 훨씬 자유로운 인간으로 만들어주었
다. 맘껏 사랑하고, 맘껏 울고, 맘껏 행복했던, 지난
몇 달간의 시간들. 그리고 이제는 조심스럽긴 하지
만 어쩌면 괜찮은 어른이 될 수 있겠다는 기대감도
있다. 비록 여전히 불안하고 초조한 순간이 다가올

때도 있지만 그런 순간들마저 조금은 여유롭게 털어
버릴 수 있는 내공이 생겼다.

하지만 인간에게 고통의 순간은 언제나 찾아오
기 마련인가 보다. 워킹 홀리데이를 준비하고 이곳
에 적응하기 위해 다른 것들에 소홀해진 틈을 타 결
국에는 그리도 마주하고 싶지 않았던 그 순간이 찾
아온 것이다. 평생 살면서 단 한번도 제대로 마주해
본 적 없는, 반려견의 죽음.

스물여섯의 반, 13년. 그렇게 내 삶의 반이라는
시간 가운데 나의 동반자로 있어 준 앵두. 아직도 처
음 만난 그 순간을 잊지 못한다. 어려서부터 강아지
키우게 해달라고 조르고 졸랐다. 그런데 마침 지인
이 알러지가 너무 심해서 더 이상 강아지를 키울 수
없을 것 같다며 혹시 대신 키워줄 가족이 있는지 물

어왔다. 엄마는 선뜻 괜찮다고 했고, 앵두는 그렇게 우리 집에 오게 되었다. 그런데 어린 나에게 어찌나 무섭게 짖어대던지 앞으로 어떻게 지내야 하나 밤새 한숨도 못 잤다. 정말 심란했다. 그간 길에서 만난 강아지들은 털이 복슬복슬 많고 친절했는데, 앵두는 마치 벗겨놓은 닭처럼 보였다. 그리고 너무… 너무 사나워. 이게 무슨 강아지야? 참고로 앵두는 치와와다. 그렇게 우리 둘 다 어린 시절에 만나 서로 엄청 견제했던 것 같은데, 지금은 노견과 청년으로 무수한 시간을 함께 보내며 훌쩍 자라버렸다. 나는 어린이에서 청년이 되었을 뿐인데, 앵두는 그 시절을 거치며 참 많이 늙어버렸다. 그렇게 우리 집 강아지 앵두는 큰 고비를 넘기고 있다.

지금은 떨어져 있어서 가족들에게 소식을 전해 듣고 있는데, 그래서인지 마음이 더 아프다. 안락사

를 생각할 정도로 상태가 급속히 안 좋아지고 있단
다. 언제나 보드라웠던 등을 한 번만 쓰다듬어보고
싶다. 안기는 걸 썩 좋아하지는 않았지만 그래도 한
번 안기면 오랜 시간 둘이 그냥 소파에 앉아 있었던,
그때의 그 시간이 그립다. 혼자 자는 걸 싫어했던 모
습이 그립다. 그래서 엄마 눈치 보다가 안방 문이 닫
히면 내 방문을 은근슬쩍 긁어대곤 했는데… 엄마
몰래 침대에서 같이 자다가 아침에 들켜서 혼났던
우리 둘의 모습이 왜 이리도 눈에 선한지. 청력을 잃
어가면서 더 이상 짖지 않음에도 불구하고 어떻게
내가 집에만 도착하면 알고 꼬리를 흔들며 반겨주었
는지 아직도 그게 궁금하다. 앵두에게는 내가 죽었
다 깨도 이해할 수 없는 초능력이 있는 게 분명하다.
살면서 가장 마음이 찢어지게 힘들다는 거, 조금이
라도 알아주었으면. 그래서 조금만 더 힘내주었으면
좋겠지만 그것마저도 내 욕심인 걸 아니까 그냥 이

제는 마음의 준비를 해야겠다.

　이 글을 쓰는 게 왜 이리도 힘든지 울다가 또 울다가 겨우겨우 글을 써 내려가고 있다. 맛있는 음식을 먹어도 맛있지가 않고, 재미있는 이야기를 들어도 재밌지가 않다. 어느 한 부분이 완전히 제 기능을 잃었다. 보고 싶다. 우리 강아지, 앵두.

연말을 맞이하는 자세

연말이다. 크리스마스 쇼핑을 마무리하고 신년 다이어리에 새해 다짐을 적어나가기 시작한다. 그리고 다가올 여름을 준비한다. 다가올 여름? 너무 어울리지 않지만 호주에서는 당연한 일이다. 기온은 30도 후반을 찍은 지 오래고 모두가 다가올 여름을 준비하고 있다. 모든 상점도 여름 패션으로 바뀐 지 오래다. 진열장에서 형형색색의 비키니를 보는 것은 당연하다. 그래서인지 내 체감은 여전히 8월에 머물러 있고, 딱 3일을 앞둔 크리스마스도영 실감이 안 난다. 크리스마스와 연말은 따뜻한 단팥호빵과 함께했던 것 같은데 올해는 시원한 레모네이드와 함께하는 크리스마스네.

가장 뜨거웠던 8월에 나는 겨울의 호주로 여행을 떠났다. 그리고 지금 12월, 나는 뜨거운 여름의 호주에 있다. 올해는 남자친구도 잃고, 반려견도 잃고, 직장도 잃고, 겨울마저 잃어버렸다. 정말 많은 것을 잃어버린 해다.

많은 것을 잃었지만 동시에 더 많은 것을 얻었다고 하면 너무 식상한 글이 되겠지? 그럼에도 불구하고 잃은 것보다 더 많은 것을 얻었다. 사실 잃은 게 있어야 동시에 얻는 것도 있는 법이다. 인생은 조금씩 어긋나는 균형을 맞춰가는 과정인 것이다. 한국에서 직장을 잃었지만 동시에 호주에서 직장을 얻었고, 덤으로 재미와 엄청난 초콜릿까지 얻었다. 남자친구는 잃었지만 다양한 배경의 다양한 친구들을 만나게 되었고, 추운 겨울은 잃었지만 더 뜨거운 여름과 동시에 삶에 대한 열정도 얻었다. 한국에서는 매일 수영장에 다니고 싶다는 생각만 했는데, 마침 렌트한 아파트에 수영장이 있어 자연스럽게 수영을 시작하게 되었다. 그리고 처음으로 독립까지 했으니 참 특별하고, 특별하고 또 특별하다.

사실 1988년부터 매해 한 번도 특별하지 않은 해는 없었다. 그래서 지금 이 순간이 기대되고, 앞으로의 모든 순간도 기대가 된다. 비록 연말이라는 체감은 덜 하지만 여름 캠프를 준비하면서 좀 더 두근거리는 마음을 되새겨 본다.

메리 크리스마스 그리고 해피 뉴 이어.

모국어로 된 책

벌써 4개월이라는 시간을 영어권 나라에서 보내다 보니 하는 말도, 쓰는 글도, 읽는 것마저 영어다. 하지만 모국어로 내가 느끼는 것을 세밀하게 기록하는 것이야말로 두뇌 속 어딘가를 짜릿하게 만드는 맛이 있다.

지금 이 시점에 읽을 수 있는 책이 절실하게 필요한데, 잽싸게 나타났던 수많은 책이 다 어디 갔는지 보이질 않는다. 이 세상에 나 혼자라고 느꼈을 때

지독할 만큼 공감하면서 읽었던 알베르 카뮈의 『이방인』, 지금도 내가 가장 좋아하는 책이라고 말할 수 있는 샬롯 브론테의 『제인 에어』, 정치와 상황에 대한 내 가치관에 가장 큰 영향을 준 조지 오웰의 『동물농장』, 전 직장에서 일하던 당시에 예술과 상업 사이에서 갈피를 못 잡던 나에게 큰 영감을 준 서머싯 몸의 『달과 6펜스』.

아 나에게는 책이 너무 절실하다. 모국어가 주는 포근함을 만끽하며 마음 편하게 읽을 수 있는 책 한 권, 어디 없을까?

끊임없는 질문

　　최근에 영국인 동료와 이런저런 이야기를 나눴다. 그가 왜 호주에 왔는지 그리고 내가 왜 호주에 왔는지. 이유는 놀랍게도 비슷했다. 이전의 삶에 지칠 대로 지쳤다는 것. 그런데 놀랍게도 우리는 지금 호주에서의 삶에 지쳐가고 있었다. 그리고 삶에 대한 질문은 끝없이 이어지고 있었다. 답 없는 무언가에 대해 계속해서 질문하고 또 질문하다가 반복되는 사이클에 지쳐 결국 포기하고, "그냥 살자." 말했다. 그러다가 갑자기 이상한 희망 같은 것에 사

로잡혀서, 결국 다시 질문하기 시작하다가, 이게 인

생에 대한 우리의 열정이라며 서로를 위로했다.

역시 또 질문

　　많은 질문을 가지고 있어도 실제 입 밖으로 꺼내는 일은 쉽지 않다. 인생의 교과서 같은 드라마 〈섹스 앤 더 시티〉에서 캐리가 특별한 이유는 섹스와 사랑에 대해 질문하는 것을 두려워하지 않는 태도 덕분이다. 그만큼 질문이라는 건 참 어렵다. 원하는 대답이 나오든 나오지 않든 질문이라는 행위 자체가 주는 묵직한 느낌. 그것 자체가 사람을 참 곤란하게 만든다. 왜? 라는 질문이 인류의 삶을 발전시켜 왔고, 철학을 만들어냈다. 그만큼 질문은 위대함에도 불구하고 참 두렵다. 이 두려움을 이겨내는 것이 나에게는 참 중요한 문제다.

호주에서 만난 절친한 친구 제임스와 밤늦게까지 대화를 나누면서 참 중요한 사실을 깨달았다. 호주에서 지내면서 뭔가 께름칙한 느낌은 도대체 어디서부터 오는 걸까? 라는 문제를 놓고 우리는 서로 질문하기 시작했고, 나름의 답을 얻을 수 있었다.

좋아하는 책이 알베르 카뮈의 『이방인』이라고 말한 적이 있다. 주인공 뫼르소의 태도가 참 멋지고 존경스럽다. 모든 제도에서 자유로운 존재인 뫼르소는 다른 사람들이 보기에는 피도 눈물도 없는 아웃사이더, 이 세상에 존재하지 말아야 할 이방인이지만 실제로는 가장 자신에게 솔직한 존재, 그래서 그 누구보다 강한 존재다. 나의 정신세계 깊은 어딘가 그와 참 많이 닮아있다고 믿는다.

　　절친한 친구 제임스는 캐나다에서 태어난 한국인 교포다. 나와 제임스는 동양인이다. 참 이상한 것이 한국에서 살 때는 내 인종에 대해 생각해 본 적이 한번도 없다. 하지만 서양 문화권에서는 내가 동양인이라는 것이 가끔은 문제가 된다. 우선 우리는 이것이 왜 문제가 되는가에 대해 질문하기 시작했다. 서양 문화권에서 나고 자란 제임스는 한번도 자기가 주류라고 생각해 본 적이 없다고 했다. 나는 나라는 인간의 종류, 그러니까 내가 동양인이라는 사실이 주류와 비주류를 결정하는 원인이 된다는 생각을 해 본 적이 없었다. 그리고 나를 계속해서 괴롭히는 께름칙한 이 기분은 결국 내가 이 사회에서 동양인, 즉 비주류라는 사실이었다.

한국에서 항상 비주류를 자처하며 사는 사람이었는데, 실제 이것이 현실이 되니 참 불편하다. 그리고 이곳에 사는 많은 한국인들이 왜 그렇게도 자신이 괜찮은 사람인지를 증명하려 발버둥 치는지 이제서야 이해가 되었다. 왜냐하면 원하든 원하지 않든 동양인은 비주류라는 낙인이 찍히기 때문이다.

그래서 다시 한번 『이방인』의 뫼르소를 떠올렸다. 모든 제도와 문화에서 자유로운 존재. 그는 정상이라는 개념에 대해 끊임없이 질문하는 사람이다. 그리고 그것을 피하지 않는다. 소설 속 주인공처럼 극단적으로 살지는 못 하겠지만 그래도 꾸준히 질문하며 살 것이다. 무의식 중에 당연하게 여겨지는 것들이 당연하지 않을 때까지 꾸준히 말이다.

뉴사우스웨일즈 주립도서관에게

　　도서관이 참 좋다. 동네 도서관에서 매일 민음사 고전문학을 빌려 읽는 게 취미였는데 지금은 뉴사우즈웨일즈 주립도서관에서 밀린 자료를 정리하고, 블로그를 한다. 무료 와이파이에 넓고 쾌적한 환경. 게다가 항상 자리도 텅텅 비어 있어서 정말 좋다. 스타벅스나 글로리아진스 같은 카페에서 시간을 보내는 것보다 훨씬 좋다. 비록 커피 한잔을 할 수 없다는 것이 아쉽기는 하지만 그 정도는 충분히 넘어갈 수 있다. 사방이 고서로 둘러싸여 있어 공기 중에 담긴 책 냄새도 좋고, 전원도 많아서 몇 시간 앉아 있어도 부담이 없다. 칸막이가 없어서 더 좋다. 여기는 넓고 시원시원하다. 커피 한 잔 마시면서 집에서 도서관까지 30분가량 쭉 걸어와 몇 시간 앉아 있으면 시간이 금방 간다. 항상 좋은 기분을 선물해주는 뉴사우스웨일즈 주립도서관아 고마워.

오스트레일리안 데이

아침에 일어나서 하늘을 볼 때마다 느끼는 거지만, 호주의 날씨는 그야말로 기가 막힌다. 이곳에 5개월간 머물며 느끼는 것 한 가지는 여기 날씨 하나만큼은 타의 추종을 불허한다는 것. 날씨가 조금이라도 흐리면 이상하게 느껴질 정도로 거의 매일의 날씨가 화창하다. 하지만 모두 걱정 없이 화창해 보여도, 실제는 그렇지 않다는 것 또한 많이 느끼는 요즘이기도 하다. 어쩌면 여행자의 눈에는 보이지 않았던 것이 슬슬 보이기 시작한 건지도 모르겠다. 이 나라, 뭔가 수상한 것이 있다.

　몇 달 전에 오스트레일리안 데이(Australian Day) 국경일이었다. 우리나라로 치면, 개천절 같은 날. 호주는 대체 휴일이 적용되는 국가라 오스트레일리안 데이 당일이 일요일이라 다음 날인 월요일이 공휴일로 대체되어 많은 사람들이 긴 연휴를 즐길 수 있다. 모두가 파란색 국기를 흔들며 경축하는 분위기였지만 행복하지 않은 사람들이 있었으니 애보리진이라 불리는 원주민들이었다. 누구를 위한 오스트레일리안 데이인가를 두고 또 한번의 논란이 있었지만 모두가 신경 쓰지 않는 분위기였다. 그렇다. 호주는 모두가 참으로 무심하다. 노워리스(No worries), 걱정 말라는 말 한마디면 모든 게 아무렇지도 않은 게 되어버린다.

모든 나라가 마찬가지로 한 문장으로 정의 내릴 수 없으나 호주라는 나라는 참으로 복잡하다. 원주민들의 나라이지만 영국으로부터 온 백인들의 나라이기도 하고, 또한 여러 나라에서 온 이민자들의 나라이기도 하다. 어떤 면에서는 미국보다도 훨씬 복잡하고 미묘해 보인다.

많은 부분에 있어 축복받은 땅인데, 사회문화적으로는 발전이 더디다. 최근에 로컬 신문에서 시드니 시내 주변 범죄율이 점차 높아지고 있다는 기사를 읽었는데, 몇 주 뒤에 밤 10시 이후로 주류 구매를 금지하고, 클럽 입장은 1시 30분 이전으로 제한한다는 새로운 규정이 발표되었다. 너무 단순하게 문제에 다가가는 건 아닐까? 라는 생각이 든다. 클럽에서 더 늦게까지 놀고 싶어서 아쉬움을 토로하는 면도 없잖아 있지만, 진지하게, 주류 판매를 제한하고 클럽 입장을 제한하는 것으로 범죄가 잡힐까? 물론 술과 클럽이 범죄와 연관이 아예 없는 건 아니겠지만, 근본적인 문제 해결을 위한 접근으로 보이지는 않는다. 게다가 어제 읽은 신문에서는 더 황당한 기사를 발견했다. 시드니 정부가 앞으로 노숙자에 대한 지원금을 줄이겠다는 내용이었다. 동시에 노숙자는 놀라운 퍼센트로 점점 늘어나고 있다는 통계가 같이 실려있었다. 마지막에는 기자가 노숙자 지원센터를 운영하고 있는 목사를 인터뷰한 글이 짧게 실렸는데, 시드니는 동정심을 잃어가고 있다는 것이 주된 내용이었다. 노숙자 문제를 해결하기 위해 그들을 지원하는 것이 아니라 되려 지원을 줄여서 노숙자를 없애겠다는 발상, 대체 어디서 나온 것일까?

한국은 지리적으로나 역사적으로나 고난과 역경의 연속이었지만 나라를 지켜냈고 언어를 가진 나라다. 즉, 문화와 역사를 가진 나라다. 하지만 호주에는 그것이 없다. 영국에서 온 조상들이 사용했던 영어를 언어로 사용한다. 아시아 태평양에 속해있어서 은근히 동양의 문화와 비슷하기도 하다. 호주인들은 상당히 에둘러 말하는 경향이 있는데, 동양 문화권에서 온 나보다 에둘러 말한다. 나만 그렇게 생각하는 것이 아니라 영국인 친구와 네덜란드인 친구, 그리고 캐나다인 친구들이 하나같이 입을 모아 말한다. 나만의 시각으로 이런 주장을 하는 게 아니다. 물론 호주인 모두를 일반화할 수는 없다. 다만 내가 느낀 바를 글로 표현한다.

어쨌든 여행자의 입장에서 마냥 아름다웠던 호주는 이제 안녕이다.

어쨌든 여행자의 입장에서
마냥 아름다웠던 호주는 이제 안녕이다.

행복을 찾아서

아르키메데스가 목욕하다가 유레카를 외쳤던 것처럼 나도 샤워할 때 참 생각이 많아진다. 최근에 샤워하다가 새삼스럽게 '행복'에 대해 생각해 보았다. 사람들은 왜 행복하고 싶을까? 소셜 네트워크만 봐도 많은 친구들이 행복한 삶에 대해 이야기하고 행복하다는 사실을 증명하기 위해 많은 사진을 올리고 서로를 태그한다. 이런저런 생각을 하다가 우리 인생이 불행을 전제하고 있기 때문에 행복을 찾는 것이라는 잠정적인 결론을 내리게 되었다.

매일이 행복한 삶이라면 굳이 행복을 찾는 행위를 하지 않을 것이다. 행복을 찾는 행위, 행복을 추구하는 행위는 행복의 결핍으로부터 온다. 결론은 '애초에 인생은 행복하지 않다!'

별거 아니지만 어쩌면 서글프게 들릴지도 모르겠지만, 나에게는 이것이 큰 위로가 되었다. 마냥 행복하지 않다고 해서 이상하게 생각할 필요 없고, 그렇다고 해서 행복이라는 존재에 집착할 필요도 없다. 어쩌면 항상 행복한 인생이 정상 궤도에서 벗어난 것일 수도 있다. 이렇게 생각하고 나니 행복이라는 것과 인생이라는 것이 완전히 새로운 개념으로 다가온다.

즐거운 감정을 느끼기 위해, 신선한 자극이 필요해서, 사랑받고 있음을 알고 싶어서, 결국 행복하고 싶어서 했던 일련의 모든 행동을 잠깐 멈추고 그냥 지금의 모습에 머무를 필요가 있다. 신기하게도 정서적인 불안감이 사라지고 오히려 차분해지면서 정신이 더 맑아지는 기분이다.

연애는 복잡해

오늘 하고 싶은 이야기는 '연애'다. 언제나 흥미로운 주제이지만 언제나 골치 아프게 만드는 주제인 '연애'.

최근 이야기부터 꺼내보자면 호주 여행에서 만난 전 남자친구와 크게 종지부를 찍고 나서 한참 연애 감정 없이 지내다가 우연히 길에서 내 전화번호를 물어봐 주신, 그래서 한두 번 만난 오빠가 있었다. 이 오빠 같은 경우는 굉장히 목표 지향적인 사람이라 나라는 인간 자체를 일종의 목표로 삼는 느낌이 들었다. 게다가 그는 만나본 남자 중에 가장 진도가 빨라서 선행 학습이 없이는 도저히 따라갈 수가 없었고, 그도 굉장히 열정적으로 날 가르치려 했지만 항상 부진아라는 느낌을 지울 수가 없어 그냥 포기하고 말았다. 자신감이 넘치는 사람은 저렇게 사는구나를 배운 몇 주간의 시간이었다.

최근에 동생을 통해 알게 된 지인이 있는데, 나와 동갑인 한국인 청년이다. 성실하고 타인에 대한 배려심이 좋은 착한 사람이다. 둘이서 따로 한 번 만난 이후로 부쩍 가까워졌고 자주 연락도 하는데, 문자를 받을 때마다 오싹하다. 이걸 오글거린다는 말로 대체할 수 있을지도 모르겠다. 어쨌든 그의 친절은 지나칠 정도로 부담스럽고, 가끔은 솔직하지 못하다는 인상을 준다. 계속해서 나에게 매력 있다는 말을 하는 것으로 미뤄 보았을 때 나에게 관심이 있는 게 분명한데 정확히 표현하지는 않는다. 이런 태도는 배려라고 하기에는 애매한 구석이 있고, 절대 발전의 여지가 보이지 않는다. 차라리 좋은 친구로 지내면 좋으련만 이미 이 사람은 그렇게 하기에는 관계가 이상해져 버렸다. 한 남자와 여자가 동일한 선상에서 동일한 감정을 나누는 게 이리도 어려운 일인지 새삼 깨닫게 된다. 연애라는 것이야말로 어떤 정치, 경제적인 사안보다 더 복잡한 것이 아닌가 생각해 본다.

날 호주로 오게 만든 장본인이었던 그 애, 그리고 지난주에 결혼한 인생의 첫 남자친구, 유럽 경제가 어려워서 몇 번이나 내가 저녁 식사를 사게 했던 스페인 남자, 나에게 사귀자 고백하던 날 본인이 만취해 정신 못 차리던 그 오빠, 그 외에 여러 사람들.

지금은 철저하게 타인이 되어버린 옛 남자들.

　그럼에도 불구하고 여전히 어딘가에 내 짝이 있다고 굳게 믿으며 울리지 않는 전화기를 괜히 한번씩 물끄러미 바라보는 모습을 보면 재밌다. 처음 연애했던 게 엊그제 같은데 여러 사람을 만나면서 부쩍 커버린 나를 보면 징그럽기도 하고 웃기기도 하다. 이렇게 〈섹스 앤 더 시티〉의 언니들처럼 나도 나이를 먹어간다. 30대 싱글이라는 수식어가 어색하지 않은 시기가 조만간 올 것이다. 하지만 여러 관계를 경험하며 깨달은 것 한 가지는 그들에게 나를 맞출 필요가 없다는 사실이다. 상대방에게 맞춰가며 거짓 자아로 사느니 차라리 진실된 자아로 혼자 사는 게 낫다. 자신의 상황이 어떻든지 간에 늘 정직하고 당당하게 말하는 사람. 그런 사람을 만나고 싶다. 하지만 상상하는 그 사람은 이 세상에 존재하지 않기 때문에 오늘도 나는 '혼자' 커피숍에서 글을 쓴다.

인생은 떠남과 돌아옴의 반복

요즘 쓴 글을 읽어보면 부정적인 기운이 가득하다. 시드니 생활에 많이 지치기도 했고, 초심을 많이 잃어버렸다. 그래서 떠나기로 했다. 나에게 안정감을 주는 모든 것으로부터 떠나기로 했다. The first thing hijack your willingness is a comfort zone. 당신의 의지를 가장 먼저 빼앗는 것은 지금 당신이 속한 안전지대입니다, 라고 해석할 수 있을 것 같은데, 이 문장이 나를 흔들었다. 좀 더 나은 삶을 위해 안정된 세계를 떠나기로 했다. 막상

떠날 생각을 하니 귀찮기도 하고, 두려운 마음이 앞

서지만 그만큼 기대도 크다.

안전지대를 떠나자

호주 방문의 큰 목적 중 하나는 WWOOF 체험이었다. WWOOF란, World-Wide Opportunities on Organic Farms의 약자로, 유기농 농업 체험과 교류를 목적으로 설립된 NGO다. 1971년 런던에서 설립된 이후 많은 국가에서 실행하고 있는데, 우리나라에서도 운영되고 있다. 봉사자가 일정 수준의 노동을 제공하면, 농장에서 주거와 모든 식사를 지원한다. 이 나라 저 나라를 여행하는 배낭여행자들에게 인기 있는 프로그램이다.

예전에 바이런베이 여행을 한 적이 있는데, 정말 환상적인 곳이었다. 다시 그곳에 가서 살아보고 싶다는 생각을 했다. 그래서 바이런베이 근처 농장을 검색하기 시작했고, 바이런베이에서 20분 정도의 거리에 위치한 레녹스헤드라는 지역에 우프 체험이 가능한 곳이 있어 연락이 닿았다. 하지만 농장은 아니고, 파머컬처(Permaculture)로 삶을 영위하는 일반 가정이었는데, 파머컬처란 '영속적인'이라는 의미의 Permanent와 '농업'을 뜻하는 Agriculture의 합성어로 지속 가능한 농업을 꿈꾸는 농법이자 삶의 방식을 의미한다. 우리나라로 치면, 귀농해서 텃밭을 가꾸며 그 텃밭에서 나는 식재료로 삶을 영위하는 라이프스타일을 떠올릴 수 있겠다. 우프 같은 경우, 실제 농장에서 일해줄 사람이 필요한 경우도 있지만, 시골에 사는 호주 사람들이 파머컬처의 형태로 사는 경우가 많아 이 작은 규모의 농장을 함께 가꿔줄 봉사자들이 필요하다. 내가 처음 연락을 취한 곳도 이런 곳 중 하나였다. 호스트는 자신이 준비하고 있는 프로젝트를 도와줄 디자이너 겸 기술자가 필요하다고 했고, 나는 예전에 한국에서 문화예술 기획자로 일한 경험이 있으며 아마추어 포토그래퍼이자 약간의 포토샵 기술이 있어 어쩌면 도움이 될 수 있을 것 같다는 이메일을 보냈다. 그리고 2주 뒤에 그곳에 와도 좋다는 답변을 받았다.

비행을 워낙 좋아하지 않는 편이라 13시간이 넘는 장거리 여행임에도 불구하고 기차에 몸을 실었다. 실은 기차보다는 비행기가 훨씬 빠르고 저렴하다. 하지만 나는 호주의 자연도 구경하고 싶고, 게다가 어쩌면 기찻길에서 캥거루도 볼 수 있다는 소문에 주저 없이 기차를 탔다. 주변의 많은 친구들이 몇 분 지나면 경치도 시시하고 오래된 기차라 너무 느린 데다가 흔들림이 심해 잠도 못 잘 거라고 경고했다. 하지만 모두의 예상을 깨고 기차 여행은 정말 재미있었다. 좋아하는 드라마를 보다가 졸리면 자고, 영문으로 된 『이방인』을 읽다가 배고프면 과자를 우적우적 먹기도 했다. 기차 레스토랑 칸에서 먹는 음식도 소박하지만 맛있었으며 비행기보다 좌석이 넓고 사람은 없어서 훨씬 쾌적한 여행이었다. 밀린 일기를 쓰고 자고 일어나고를 반복하다 보니 카지노역에 도착해 있었다. 이름은 카지노이지만 실제 카지노는 없는 이 지역은 소고기의 도시라는 별명을 가지고 있는데, 그에 걸맞게 소농장이 많다. 어쨌든 이곳에서 30분 정도 고속버스를 타고 레녹스헤드에 도착했다.

그렇게 도착한 레녹스헤드의 밤하늘은 비현실적

이었다. 컴퓨터 바탕화면인가 착각할 정도로 쏟아질 것 같은 별을 보니 정말 오길 잘했다는 생각이 들었다. 앞으로 함께할 호스트 수잔은 참 밝고 활기찬 사람이었고, 직업은 침술사였다. 넓은 땅을 가진 호주인답게 집도 넓고, 바나나 나무, 파파야 나무, 파인애플, 온갖 종류의 허브가 자라는 가든이 있었다. 뒤뜰에는 작은 스튜디오도 있는데 그곳이 내가 지내게 될 공간이었다. 공간도 일본식 다다미방으로 꾸며놓고 침대 대신에 커다란 담요와 일본식 침구인 푸통이 준비되어 있었다.

호스트인 수잔과 이야기를 나눠보니 준비하고 있는 프로젝트에 그래픽 디자인을 도와줄 사람이 필요했다. 수잔은 과정을 중요하게 생각하는 사람이라 단순히 외주로 디자인을 해줄 사람이 아닌, 자신이 가지고 있는 콘텐츠를 충분히 이해하고 함께해줄

사람을 찾고 있었다. 수잔은 호주에서 태어난 백인
이지만, 동양식 다도 문화를 통해 아이들을 교육하
는 콘텐츠를 개발하고 있었다. 이 프로젝트에 함께
할 사람이 동양의 문화를 충분히 이해하고 자신과는
다른 시선으로 독창적인 영감을 주는 사람이었으면
좋겠다고 했다. 나는 한국에서 태어나 동양의 문화
에서 나고 자랐지만 미국에서 고등학교 시절을 보냈
다. 우리는 신기하리만큼 다르지만 비슷한 사람들이
었고, 나는 수잔이 지향하는 바를 정확히 파악하고
도와줄 수 있었다.

이 프로젝트는 내게 많은 영감을 주었다. 디자인
을 도우면서 수잔에게 다도를 배웠는데, 물을 끓이
고 차를 만들고, 함께 마시며 찻자리를 정리하는 모
든 일련의 과정이 모두 의미가 있고, 다도를 통해 자
신을 정갈하게 할 수 있다는 사실을 알게 되었다. 또

한 차를 함께 나누는 모든 과정이 상대방에 대한 배려를 배우는 좋은 의도가 담겨있음을 알게 되었다. 레녹스헤드라는 작은 시골 마을에서 자신만의 철학을 가지고 이런 프로젝트를 펼치고 있는 수잔이 존경스러웠고, 이 일에 일부가 되어 함께할 수 있다는 사실에 감사한 마음이 들었다. 한번도 디자인을 전문적으로 배운 적 없고, 사진 또한 취미로 했지만, 그럼에도 어려움 없이 그녀를 도울 수 있었다.

수잔과 나는 밤을 새워가며 많은 이야기와 창의적인 아이디어를 나누며 가까워졌다. 그녀의 일을 돕는 게 신나고, 실제 작업물이 나올 때마다 즐거웠다. 수잔이 참 존경스러운 이유 중 하나는, 모든 게 자신의 아이디어임에도 불구하고 모든 작업물이 자기만의 것이 아니라 모두의 것이라고 믿는 겸손함이었다. 그런 태도에 매료되어 정말 즐겁게 이 일에 참

여할 수 있었다. 안전지대를 떠나 만난 수잔은 내게

완전히 새로운 가능성을 열어주었다.

혹시… 나… 디자인에 소질이 있나?

사진을 찍고 포토샵을 다루는 등의 기본적인 기술을 가지고 있지만, 단 한번도 스스로 디자이너라고 생각해 본 적은 없다. 왜냐하면 나는 디자이너가 아니니까! 하지만 수잔은 매번 나를 그래픽 디자이너라고 부르고, 다른 사람에게도 나를 그렇게 소개한다. 수잔에게 진지하게 이렇게 말했다. "나는 전문적으로 디자인을 배워본 적도 없고, 디자이너라고 불리기에는 아무것도 한 게 없는 사람이다. 내가 생각하는 디자이너는 제대로 훈련받은 사

람들이거나 전공자 또는 시장에서 팔리는 작업을 하
는 사람들이니 나를 디자이너라 부르지 말아달라."
내 말을 들은 수잔이 코웃음 치며 말했다. "아니, 네
생각 틀렸어."

머리를 한 대 맞은 것 같은 느낌이었다. 나는 그
간 자신이 없었다. 훈련받은 기술이 아니기 때문에
어디에 내놓기 부끄러웠다. 하지만 지금 생각해 보
면, 디자인 분야는 정규 교육을 받았다고 해서 더 잘
하는 것도 아니다. 수잔은 내가 작업한 디자인 작업
물을 볼 때마다 감탄해 주고, 격려할 뿐만 아니라 나
를 비즈니스 파트너로 인정해 주었다. 원래 수잔의
집에서 지내기로 한 일주일이 훌쩍 지나 결국 3주라
는 시간이 흘렀고, 수잔은 진지하게 나를 고용하기
를 원했으며 금액을 제시하기에 이르렀다. 단순한
재능 기부로 시작했던 이 일이 새로운 분야의 가능

성으로 이어졌다. 평소 나 자신에 대해 스스로 상상력이 지나치다고 생각했는데, 이건 내가 상상한 것 이상이었다.

화면에 작업한 것이 실제 물성이 있는 것으로 나오니 정말 신기했다. 지금도 수잔과 함께 작업한 브로슈어를 보고 있으면 얼마나 기분이 좋은지 모른다. 그리고 더 즐거운 사실은 디자인 작업을 할 때 그 과정을 진심으로 즐기고 있다는 점이다. 좋아하는 음악을 들으면서 혼자 몰입해 작업할 때의 그 시간이 참 좋다. 늦게까지 깨어있어도 하나도 피곤하지가 않다. 내가 진짜 좋아하는 일이 바로 이거구나! 21일간의 우프 경험이 내 인생을 넓고 깊은 방향으로 이끌어주었다. 모든 가능성에 대한 기대, 그리고 타인을 위해 아낌없이 줄 수 있는 재능. 그리고 나의 재능을 믿어주는 한 사람만 있으면 뭐든 가능하다.

비록 비자 문제로 수잔의 제안을 받아들일 수는 없었지만, 이 가능성을 본 것만으로도 충분히 감사한 마음이 들었다.

기회라는 것은 예상치 못한 순간 나에게 왔다. 언제 어떻게 인생의 새로운 방향이 열릴지 모른다. 그러니 모든 가능성을 열어 두기를, 그리고 되도록 남들과는 다른 길을 걸어보기를, 겁이 난다면 겁나는 대로 그것을 받아들이기를, 그 누구도 속이지 말고, 특히 자신에게 순수하고 정직하게 모든 일에 임하기를 바란다.

백수라도 행복해

세상사에 욕심이 점점 없어지는 게 괜찮은 사람이 되어가는 증거라고 한다면 나는 꽤 괜찮은 사람에 가까워지고 있다. 여행을 하면 할수록, 살면 살수록 인생에 대한 욕심이 없어진다. 더 가보고 싶은 곳도 없고, 더 먹고 싶은 것도 없다. 내가 그리도 그리워하던 바이런베이와 레녹스헤드의 에인스워드 호수도 별로 대수롭지 않다. 더 많은 사람을 만나고 더 배우는 것에 대한 집착도 없어진다. 그냥 내 인생이라는 여정을 여정 그대로 받아들인다.

21일간의 우프를 마치고 다시 시드니로 돌아왔다. 역시나 도시에서의 삶은 조금도 호락호락하지 않다. 그간 경제활동을 하지 않은 관계로 당장 일이 필요한 상황인데 솔직히 말해 일을 구하기 쉽지 않다. 워킹 홀리데이라는 비자와 여행자라는 위치가 겉보기에는 참 자유롭고 거칠 것 없이 보이지만 그렇기 때문에 양질의 일을 구하기는 하늘의 별 따기다. 고용주 입장에서 생각해봐도 안정적이지 않은 사람을 고용하고 싶지 않을 것이다.

그런데 예전에 비해 마음에 여유가 있는 이유는 수많은 경험을 통해 결국에는 일을 하게 될 것이고, 결국 일을 시작하게 되면 지금의 이 시간을 그리워할 것임을 알고 있기 때문이다. 여유 있는 사람을 이길 수 있는 사람은 아무도 없다. 결국 승자는 여

유 있는 사람이다. 그래서 오늘도 여유롭게 기다리

기로 한다.

허무를 이기는 방법

삶에 대한 기대가 가득 찼다가 풍선에서 바람이 한순간에 빠지듯 사라져버렸다. 도대체 무슨 일이야?

지난 월요일에 수잔이 소개해 준 클라이언트를 만났다. 가구를 제작하는 일을 하는데, 최근에 비즈니스를 시작해 사업장 로고와 명함이 필요하다고 해서 디자이너와 클라이언트의 관계로 만나게 된 것이다. 이렇게 디자이너로서 첫 발걸음을 시작하는구나! 가슴이 두근거렸다. 디자인 스톡 사이트에 일정액을 결제한 뒤, 좋은 소스를 다운 받고 하나하나 준비하기 시작했다. 굉장히 프로페셔널하지 않을 수 없었다. 역시 난 멋져! 포토샵을 열어 끄적거릴 때마다 괜찮은 작업물이 나왔다. 어머 나 생각보다 쓸만한 놈이네! 어머 어머 이런 쪽에 재능이 있는 줄은 몰랐네! 도파민이 마구 솟구치기 시작했다.

독일인 룸메이트와 이런저런 사는 이야기를 나누다가 혹시 애플 공식 판매점(애플이 직접 운영하는 애플 스토어와는 다르다. 영어로는 Apple Authorised reseller 라고 쓰고, 편히 애플 리셀러라고 부른다)에서 일해볼 생각이 있느냐는 질문을 받았다. 지인이 근처 매장에서 매니저로 일하고 있는데 갑자기 사람이 그만두는 바람에 급히 일해줄 사람이 필요하다는 것이다. 워킹 홀리데이 비자인 데다 5개월 뒤에는 한국으로 돌아가야 하는데 괜찮을까? 물어보니 흔쾌히 괜찮다는 것이다. 사람이 급하게 필요한 데다가 직원이 전부 남자라서 컴퓨터를 잘 다루는 여자 직원이면 더 좋을 것 같다고 했다는 것이다. 비교적 쉬운 판매직이라 기술적인 부분은 기본만 알고 있으면 된다고 했다. 친구는 그 자리에서 바로 매니저에게 내 이력서를 보냈다. "조금만 기다려봐. 곧 좋은 소식이 올 거야." 우리 둘이 너무 소리지르며 좋아하는 바람에 옆 방에 있던 친구들이 놀라기까지 했다.

이렇게 좋은 일이 눈앞에 있는데 왜 갑자기 삶에 대한 기대가 사라졌냐고? 왜냐하면 로고와 명함 디자인 작업을 요청했던 사업장에서 연락이 왔는데, 이제서야 비즈니스 등록 절차에 들어갔고, 예상보다 과정이 꽤 길어서 지금 당장 디자인이 필요하지 않다는 것이다. 지난 미팅에서 모든 상황을 미리 이야기해 줬으면 내가 이렇게까지 준비를 하지 않았을 텐데, 점점 실망이 몰려오기 시작했다. 지난 미팅에서 얼마나 오랜 시간 이야기를 나눴는지 무려 새벽 1시에 끝났다. 방세 밀려가며 결제한 디자인 사이트며 그간 신경 쓴 모든 시간이 허무해졌다. 정말 기분이 나빴던 것은, 혹시 자기와 데이트할 의향이 있는지를 묻는 클라이언트의 마지막 문자였다. 장난해? 생각해 보니 미팅에서 대부분 그의 개인사에 대해 이야기를 나눴던 것 같다. 아아 순진한 나 자신에게 너무 화가 났다.

애플 리셀러에서 일하며 틈틈이 그래픽 디자인을 하는 멋진 프리랜서로서의 나를 상상하고 있었는데, 갑자기 모든 게 다 꺾인 기분이 든다. 낮에 아르바이트하고 있는 샌드위치 가게 사장님에게 야단맞

앉을 때도 이렇게까지 기분이 나쁘지는 않았다. 월세가 밀려서 주인에게 싹싹 빌 때도 이렇게까지 기분이 상하지는 않았다. 그런데 클라이언트의 연락을 받으니 낮부터 받은 스트레스가 폭발했다.

아 그래도 조금 힘내보고 싶은데, 누가 날 위로해 주면 안 될까? 내가 무언가를 해서 멋진 사람이 아니라 존재 자체로 그냥 멋지다고 말해주는 사람 없을까? 그런 사람 한 명이 곁에 없어서 오늘도 나는 스스로를 위로하며, 매일의 전쟁을 치르고 있다.

사과(Apple)를 팝니다

지난 글에서 친구가 애플 리셀러 매니저를 소개해 줬는데, 시간이 한참 지나고 나서야 확정이 되었다. 새로운 스케줄을 받고 나니 이제서야 실감이 난다. 진짜 애플 리셀러에서 일하는구나! 1차 인터뷰와 2차 트라이얼(매장에서 시험 삼아 일해 보는 것), 3차 테스트까지, 계속해서 시험만 치르다가 지난 토요일에 한 달 치 스케줄을 받으면서 모든 게 공식화되었다. 애플에서 일한다니 솔직히 말하면 상상도 못 한 일이다. 시드니에서 만난 한국 친구들뿐만 아니라 같이 살고 있는 미국인, 호주인, 그리고 친하게 지내는 다른 외국인 친구들의 부러움과 시샘을 한 몸에 받고 있다. 특히 일자리를 소개해 준 독일인 룸메이트 알리나가 어찌나 유난스럽게 부러워하는지 조금 부담스럽기도 하다.

나는 애플 프리미엄 리셀러인 My mac에서 세일즈 컨설턴트로 일을 시작하게 되었다. 쉽게 말하자면 매장 운영인데 애플은 '솔루션을 제시'한다는 관점으로 직원을 교육한다. 예를 들어 고객이 백업 문제로 고민할 때 하드 드라이브를 솔루션으로 제시하고 거기에 더해 애플의 타임머신이라는 제품을 옵션으로 제시하는 것이 전체 솔루션의 흐름이다. 실제로 두 제품 모두 마진이 높은 편이라 매장 운영에도 도움이 된다. 애플 제품에 대한 깊은 이해뿐만 아니라 제품의 사용 범위까지 이해하고 있어야 잘 판매할 수 있다.

실제로 매장에서 일해보니, 나는 제품을 제대로 사용할 줄 모르는 사용자였다. 아이패드가 있어도 거의 쓸 일이 없어 방치했는데, 스토어에서 만난 고객 중 한 명이 자동차 백시트에 끼워서 뒷좌석에 앉은 아이들의 엔터테인먼트 도구로 활용하고 있었고, 아이패드용 펜(내가 일할 당시에는 애플 펜슬이 없었다)을 구매해서 간단한 그래픽 디자인을 하는 디자이너도 봤다. 꽤 비싼 대용량 하드 드라이브를 쿨하게 사 가시는 아주머니도 정말 신기했다. 다양한 고객을 만나서 그들에게 매일 배운다. 매장에서 일하는 거 생각보다 가슴 뛰는 일이구나. 다양한 고객들과 이야기를 나누며 서로의 경험과 지식을 나누는 것이 정말 즐겁다.

매장에서 일할 때는 반드시 직원용 애플 티셔츠를 입어야 하는데, 받아보니 아메리칸 어패럴의 제품이다. 이런 디테일마저 나에게는 큰 감동으로 다가온다. 이래서 애플은 다르다는 소리를 듣는가 보다. 애플에서 일하면서 애플을 칭송하게 되었는데, 실제로 좋은 기업이냐고 묻는다면, 잘은 모르겠다. 사회 공헌을 잘하는 기업인지, 노조는 어떤 식으로 운영되는지 전혀 모르기 때문이다. 그래도 어쨌든 나를 고용해 준 사실만큼은 아주 감사한 일이다. 어쩌면 올해 나에게 일어난 일 중 최고의 일이다. 개인적으로 엄청나게 업그레이드할 수 있을 거라는 기대가 있다. 아차, 말이 나온 김에 iOS도 업그레이드를 해야지.

프로젝트158

시간만 생기면 이것저것 생각하느라 바쁘다. 특히 내가 좋아하는 단어는 '프로젝트'인데, 프로젝트라는 이름하에 여러 가지 아이디어를 발전시키다보면 구체적인 형태로 나타나는 게 재미있어서 누가 시키지도 않은 프로젝트를 틈틈이 하고 있다. 뭐 혹시 모르지. 이 프로젝트가 나중에는 비즈니스로 발전할지도? (*이 글을 쓴 게 2014년인데, 실제로 2018년 12월에 프로젝트158이라는 개인사업자를 등록했다.)

누가 시키지도 않은 프로젝트 몇 가지를 소개하겠다. 가장 먼저 서리힐즈 프로젝트라고 이름 붙인 이 작업은, 지인들에게 내 마음을 전하는 것을 목표로 진행되었다. 참고로 서리힐즈는 워킹 홀리데이 초반에 살았던 지역명이다. 이 프로젝트는 전 세계로 엽서 보내기 프로젝트였다. 한국, 미국, 영국, 일본 등에 살고 있는 지인들에게 엽서를 써서 보냈는데, 내 엽서를 받은 사람들이 하나같이 감동하고 기뻐하고, 무려 용기를 얻었다는 사람들도 있어서 정말 행복했다. 이게 성공이 아니면 무엇이란 말인가. 생각보다 국제 우푯값이 많이 올라서 엽서 한 장 보내는 데 2.6불이 들고, 엽서까지 포함하면 6~7불이 드는 나름 비용과 시간이 소모되는 일이지만 정말 보람차다(이 글을 쓸 당시에는 벌이가 거의 없었기 때문에 6불이면 대단한 소비다). 엽서를 받고 라면

한 박스를 보내준 사촌 언니가 특별히 기억난다. 그리고 손 편지로 답장을 보내준 친구도 있었다. 영국에 사는 친구는 영국 국기가 그려진 카드에 깨알같이 작은 글씨로 편지를 써서 작은 선물과 함께 보내줬는데, 정말 감동이었다. 소셜 미디어를 통해 서로의 소식을 받아 보며 어떻게 지내는지 잘 알고 있지만 그럼에도 불구하고 엽서에 손 글씨로 안부를 전하는 행위는 특별하다.

두 번째 소개할 프로젝트는 이름부터 '프로젝트 158'이다. 그래픽 디자인에 부쩍 관심을 가진 이후, 지인들의 부탁을 받아서 이런저런 디자인을 하고 있는데 프로젝트158은 내가 하는 모든 디자인 작업을 통칭하는 브랜드 같은 것이다. 프로젝트158이 나중에는 문화 예술 전반을 다루는 형태로 발전하면 좋겠다는 바람이 있다. 지금은 말도 안 되는 이야기,

너무 막연하고 꿈같은 이야기이지만, 예전에 한 친구가 나에게 말하길, "우리들에게는 성공한 사람의 DNA가 있어"라고 했다. 세상이 말하는 성공과는 다른 개념일 수도 있지만, 건강한 세계관이 담긴 문화, 모두가 즐길 수 있는 예술, 명확한 메시지로 세상을 움직이는 디자인, 인간미 넘치는 테크놀로지. 이 4가지를 통해 좀 더 나은 라이프스타일을 제시하고 싶다. 여전히 아직은 모호하고 눈에 보이지 않지만, 프로젝트158이 도와줄 것이다. 엉뚱한 실수에서 나온 158이지만 이 숫자가 담은 의미를 통해 많은 사람들에게 힘과 용기를 주고 싶다. 그런 의미에서 오늘도 파이팅!

커밍아웃

6월은 프라이드 먼스(Pride month)로, 성소수자의 자긍심을 기념하고 인식을 널리 알리기 위해 지정된 달이다. 1969년 6월 28일 뉴욕 스톤월 항쟁으로 촉발된 해방 운동을 기념하여 6월로 지정되었고, 퀴어 퍼레이드를 비롯한 행사를 하는데, 내가 사는 시드니도 프라이드 먼스가 되면 온 거리가 무지갯빛으로 도배된다. 한국의 뉴스를 봐도 게이 퍼레이드에 관한 소식이 많이 올라오고 있는데, 지난번 신촌에서 게이 퍼레이드가 있었고, 일부 기독교 목사와 천주교 신부가 게이 퍼레이드를 지지 및 독려했으며, 그와 동시에 일부 종교 단체에서는 게이 퍼레이드를 반대하는 시위를 펼쳤다는 것이 주된 내용이다.

이런 분위기에 동참하는 의미에서, 나는 오늘 커밍아웃을 하려고 한다. 나는 크리스천이다. 매주 교회에 나가고, 십일조(수입의 1/10을 교회에 헌금하는 것을 십일조라 부른다)를 내고, 성경을 읽으며, 창조주 하나님을 믿는다. 게이라서 커밍아웃하는 줄 알고 읽기 시작했다면 다소 실망스러운 행보일지도 모르겠지만, 사실은 내가 예수쟁이임을 커밍아웃하는 중이다. 어쩌면 게이, 레즈비언이라고 하는 것보다 크리스천 커밍아웃이 더 없어 보이는 것 같다. 그래서 나의 이 커밍아웃은 꽤나 용기가 필요한 일이었음을 밝힌다.

시드니에서 만난 절친 제임스는 나와 같은 크리스천이다. 우리는 만날 때마다 하나님에 대해 말하고, 예수님이 얼마나 위대한 시대의 지도자인지, 예수님의 성품을 하나하나 분석하며 밤새 이야기를 나눈다. 아 맞다, 그리고 제임스는 나에게 며칠 전 커밍아웃을 했다. 이번에는 진짜 게이로서의 커밍아웃이다. 그렇다. 고된 타지 생활에서 내가 가장 의지하고 사랑하는 유일한 친구는 게이다. 내가 LGBTQ를 지지하기 때문에 우리가 친구가 된 것도 아니고, 예수님이 이웃을 사랑하라고 하셔서 친구가 되어주는 것도 아니다. 우리는 처음 만났을 때부터 이야기가 잘 통했고, 한국인이라는 배경도 같다(제임스는 캐나다에서 태어난 한국인 2세 교포다). 또한 예술을 사랑하며 관심사와 취향도 비슷하다. 서로의 인생 계획을 나누고 객관적으로 피드백하는 시간도 갖는데, 다양한 주제를 가지고 이야기를 나누다 보면 몇 시간은 순식간에 사라진다.

매사 인생에서 반복되는 실수를 스스럼없이 그
와 나누고 매번 위로받을 수 있는 이유는, 그가 나를
있는 그대로 받아준 덕분이다. 인생에서 '친구'라는
이름으로 수없이 많은 사람을 만났지만 진정한 우정
은 몇 번 경험해 보지 못했다. 그런데 제임스를 통해
진정한 우정을 경험하고, 나의 어떠함이 아니라 그
저 있는 그대로 존중받는 놀라운 경험을 하고 있다.
그는 나의 실패에 진심으로 슬퍼해 주고, 나의 성공
을 진정으로 축하해주는 사람이다. 그런 깊은 사랑
의 관계 속에서 나 또한 제임스에게 그런 사람이 되
고 싶다. 그에게 진짜 우정을 선물하고 싶다.

다시 게이 퍼레이드로 넘어와서, 나는 이 행사를
지지할 생각도, 반대할 생각도 없다. 다만 예수님이

라면 어떻게 하셨을지를 생각해 본다. 예수가 대단한 이유는 그가 태어난 시점을 기점으로 세기가 나뉘어져서가 아니다. 예수는 시대의 모든 소수자를 받아준 유일한 지도자였다. 몸 파는 창녀만 보호했던 게 아니라 누군가에게는 제국의 앞잡이라 불리는 사람, 중간에서 세금을 떼먹는 악덕 세금 징수원까지도 판단하지 않았다. 인간의 정서로는 절대 이해하지 못할 관용이다. 이 사랑은 신의 영역에서만 설명이 가능하다.

종교가 정치적으로 이용되기 시작하면서 타락의 길을 걷기 시작하고, 많은 사람들에게 비호감으로 작용하는 것 또한 사실이다. 몇몇 기독교 단체들을 보면 본인이 모든 교회를 대표하는 양 아무 말이나 지껄이는데, 그들의 교만하고 무례한 태도를 보면, 정말 분노가 치민다. 예수 그리스도의 이름 아래

잔인하게 행해진 역사들은 또 어떤가? 지금 이 시대에는 완전히 틀린 해석으로 받아들여지지만, 과거 흑인 노예 제도 또한 예수 그리스도의 이름 아래 정당성을 부여받았다. 동성애가 죄라고 말하는 크리스천의 입에서 나오는 혹독한 단어와 그 당시 보수 크리스천 백인의 태도는 뭐가 다른가?

결론은 없다. 시대에 대한 해석은 각자의 몫이다. 다만 내가 집중하고자 하는 대상은 예수 그리스도의 사랑이다. 놀라울 정도로 유연한 사고를 자랑했던 진보적인 종교 지도자. 그래서 결국에는 정치적인 이유로 사형당할 수밖에 없었던 존재, 예수 그리스도. 다시 한번 예수라는 존재에 대해 깊이 생각해 본다. 내 손에, 그리고 당신의 손에 묵직한 돌덩어리 하나가 들려있다. 세상은 죄인을 향해 무조건 돌을 던지라고 말한다. 던져! 던지란 말야! 반면 예수는 죄가 없는 자만이 그 돌을 던질 수 있다 말한다. 예수의 주장에 따르면 이 세상에는 마음껏 돌을 던질 수 있는 사람은 단 한 명도 없다. 왜냐하면 우리 모두는 각자의 영역에서 모두가 죄인이기 때문이다.

프로젝트158에 담긴 의미

지난 글에서 내가 크리스천임을 밝힌 바 있다. 크리스천이라고 하면 다양한 이미지를 떠올릴 텐데, 나에게 있어 크리스천의 가장 중요한 덕목은 믿음도, 사랑도 아니다(믿음 사랑 소망, 매우 중요한 개념들인데, 오늘 하고자 하는 이야기와는 관련이 없어 이렇게 표현한 것이다). 나에게 있어 크리스천이란 '스스로 죄인이라는 인식'을 가진 사람들이다. 그런 의미에서 봤을 때, 교회에 다니는 모두가 크리스천인 것은 아니다. 교회에서 만난 사람들을 잘 살펴보면 스스로 죄인이라는 인식을 가진 사람이 매우 드물다.

나는 '죄인'이다. 명명백백하게 나는 죄인이다. 스스로 죄인이라는 인식을 넘어서 사실 자체가 그렇다. 그런데 스스로 죄인이라 인정하고 나니 후련하다. 누가 나에게 뭐라고 해도, 어? 나는 원래 타고나기를 죄인인데?로 받아칠 수 있다. 물론 말장난하라고 만든 개념은 아니지만, 실제로 이런 식으로 나를 방어할 때 매우 유용하게 사용하고 있다.

죄 없이 맑고 투명한 사람은 굳이 교회에 다닐 필요가 없다. 교회, 성당, 절도 필요 없다. 그런 사람들은 사실상 인생에 종교가 필요하지 않다. 나를 구원할 존재가 반드시 필요하다고 느끼는 사람들은 죄인이다. 나는 죄가 많고 탁하고 인성도 그다지. 그래서 나는 반드시 하나님을 믿고 예수 그리스도를 믿어야 한다. 구원이 절실히 필요하다.

어느 날 룸메이트 언니와 예배를 드리고 나와서 이런저런 이야기를 하다가, 언니, 나는 베드로처럼 물고기 158마리를 잡고 싶어, 라고 말했더니, 수진아 153마리야. 모나미 볼펜 153 몰라? 라고 하길래, 아니거든 158이거든 부득부득 우겨서 결국에는 저녁밥 내기까지 했는데, 처절하게 지고야 말았다. *시몬 베드로가 올라가서 그물을 육지에 끌어 올리니 가득히 찬 큰 고기가 백쉰세(153) 마리라 이같이 많으나 그물이 찢어지지 아니하였더라(요한복음 21장 11절).* 아아 무식한 죄인이여. 하지만 이왕 이렇게 된 거 나는 베드로보다 5마리 더 잡아서 158마리 잡지 뭐, 하며 결국에는 프로젝트158이라는 이름을 만들었다. 블로그명도 프로젝트158로 바꿨다.

이렇게 실수로 만들어진 이름이지만 가만히 생각해 보면 재밌다. 혼자 실실 웃는다. 프로젝트158, 부디 잘 부탁해!

정의란 무엇인가

나는 '정의'에 민감하다. 특히 불평등한 상황에 대해서는 꽤 과민한 편인데, 외국에 살면서 더 예민해졌다. 오늘 제임스가 동영상 하나를 보여 줬는데, 미국에서 일반인을 대상으로 하는 몰래카메라였다. 흥미로운 것은 단순한 재미를 위해 상황을 연출하는 몰래카메라와는 달리, 이 영상은 실제 사회의 이슈를 주제로 상황을 연출한다는 점이다. 제임스가 보여준 영상의 배경은 미국의 한 네일숍이었다. 발톱을 가꾸고 색을 칠하는 것을 페디큐어라 부르는데, 보통 그런 서비스업에 종사하는 비율을 보면, 동양인이 비교적 많은 편이다. 손톱을 관리하는 것과는 달리, 페디큐어는 발을 관리해야 해서 서비스를 받는 사람은 높은 의자에 앉아 있고, 서비스를 해주는 사람은 일의 특성상 발밑에 앉아 작업을 해야 한다.

몰래카메라의 상황은 이렇다. 페디큐어 서비스를 받는 백인 여성이 서비스를 해주는 동양인 여성을 대놓고 무시하는 상황을 연출한다. 그들의 물리적인 위치도 이 상황을 극적으로 만든다. 높은 의자에 앉아 있는 백인과 무릎 꿇고 발을 만지고 있는 동양인의 모습이 매우 대조적이다. 이 동양인 여성이 영어를 못한다는 이유로 대놓고 무안을 주면서, 주변 사람들의 반응을 살펴보는 것이 이 영상의 주된 내용이었다. 다행히도 주변 사람들이 동양인 여성을 무시하는 백인에 대해 매우 부정적인 반응을 보였고, 분노의 눈물을 흘리는 사람까지 있었다. 하지만 내 눈에 들어왔던 것은 영어를 못하는 동양인 여성을 대표한 연기자가 '한국인'이었다는 점이다.

백인 여성이 서비스를 받으면서 친구와 통화하는 척 연기를 하는데, 이런 대사가 나온다 "어차피 저 여자 영어 못 알아들어, 미국에 왔으면 영어를 배워야지, 예의 없는 것들." 와중에 서비스를 하고 있는 동양인 여성에서 소리친다. "야 너 지금 내가 하는 말 못 알아듣지? 이 멍청아." 이게 연기라서 다행이다 싶은 게 아니라 이게 지금 호주에서도 비일비재하게 일어나고 있는 현실이라서 너무 마음이 아프고 씁쓸했다.

타국에 살면서 그 나라의 언어를 잘 구사하지 못

하면 사회의 일원으로 받아들여지기 매우 어렵다. 의사소통이 안 되면 관계를 맺기 힘드니까. 나 같은 경우 16살에 교환학생으로 1년간 미국의 공립 고등학교에 다니며 미국인 가정에서 홈스테이를 한 적이 있는데, 그때 정말 어렵게 눈칫밥 먹으면서 치열하게 영어를 익혔다. 지독하다 싶을 정도로 공부했다. 억지로 사람들에게 다가가 되도 않는 말을 건네고, 밤마다 안 되는 영어로 기도를 했다. 특히 나는 단 하루도 빼놓지 않고 영어로 일기를 썼는데, 홈스테이 집에 도착한 첫날, 내게 일기장을 선물했던 미국 엄마 조앤은, 다 쓴 일기장을 보고 너무 감동한 나머지, 내가 미국에 있는 동안 쓸 노트 여러 권을 선물해 줬다. 이 모든 노력을 토대로 특별한 어려움 없이 영어로 의사소통을 하고, 영어로 세일즈도 하고 있지만, 그럼에도 불구하고 다른 사람이 특정 언어를 못 한다는 이유로 차별할 이유는 어디에도 없다.

의사소통을 문제로 차별하는 것이 결국에는 개인의 영역이 아닌 인종의 문제로, 나아가서는 이것이 인종 차별로 이어지는 것은 큰 문제다. 서로가 서로에 대한 존중이 산산이 공중분해 되면 누구도 인지하지 못한 틈을 타서 부당한 것이 당연한 얼굴로 둔갑하고 나타난다. 나는 이것이 너무도 두렵다.

호주에 와서 만난 한국인 친구들의 대부분이 영어 때문에 너무도 고생하고, 피해 의식을 키우고 열등감을 느낀다. 그리고 서로가 서로의 영어 실력에 대해 판단하고 평가하는데, 나는 이 모습을 보면서 혼란스럽다. 그래서 제발 이 영어라는 언어, 결국은 단순한 소통을 위한 도구가 진정 '도구'로만 사용되었으면 좋겠다. 버스를 타고 강남역을 지날 때마다 눈살을 찌푸리게 했던, 〈영어는 권력이다〉라는 슬로건에 침을 뱉어주고 싶다. 그래서 이 글을 읽는 당신

에게 하고 싶은 말은 당신이 동양인이든 백인이든

영어를 잘하든 못하든, 상관없다는 것이다. 이것이

내가 생각하는 '정의'다.

비교

　　고등학교 시절, 사회문화라는 과목이
있었다. 그 시간에 배웠던 '조사 방법'이라는 것이
가끔 생각나는데, 어딘가 굉장히 억지스러운 느낌의
주제였다. 사회문화라는 과목 자체가 도대체 무엇을
가르치고 무엇을 말하고자 하는지 명확하지 않으니
여기에 담은 내용은 말해 뭐해. 어쨌든 사회문화 시
간에 배운 '조사 방법'에는 두 가지 종류가 있고, 여
러 가지 조사 대상에 관한 예시가 주어진 뒤, 그에 알
맞은 '조사 방법'을 고르는 것이 시험 문제로 나오곤

했다. 수능에도 나왔으니 사회문화 과목에서 매우 중요하게 다루고 있는 주제다.

지금 돌이켜보면, 조사하는 방법이 단 두 가지 종류밖에 없다는 것 자체가 성립되지 않는다. 그럼에도 불구하고 그 당시에는, 아 조사 방법에는 두 가지 종류가 있고, 이런 순서로 진행되는구나 하면서 공식을 외웠다. 연습장에 열심히 적어 가며 외웠던 나의 10대 시절을 생각하니 갑자기 웃음이 나온다. 조사 방법 속 디테일한 요소와 순서도 기억이 나는데, 그중에서 가장 효과적이라고 배웠던 방법은 '비교 분석'이었다. 그렇다. '비교 분석'이 가장 효과적이라 배웠다.

학교에서 배운 대로 '비교 분석'은 좋은 방법이다. 사회적으로도 문화적으로도 개인적으로도. 그리고 이것은 효과 이상으로 효율적이다. 무엇을 배우든 나는 비교하는 것을 통해 학습했다. 루소와 로크의 정치 철학도 비교를 통해 암기했고, 국내 문예사조 또한 수많은 작가들의 예문을 비교 분석하며 공부했다. 비교라는 방법은 매사 통했다. 학습뿐만이 아니라 다른 사람을 위로할 때도, 나 자신을 다그칠 때도, 실제 생활에서도 비교는 늘 먹히는 방법이다.

그래서 나는 매사 비교하기 시작했다. 종종 비교하면서 나 자신이 비참해질 때도 있었지만 대부분 괜찮았다. 왜냐하면 그런 마음이 들 때마다 나보다 못한 사람과 나를 비교하면 스스로를 위로할 수 있기 때문이다. 그러니까 나를 위로하는 데도 비교라는 방법은 효과적이었다. 정말 놀랍도록 모든 것에 적용할 수 있는 기가 막힌 방법이다.

여느 때와 같이 그날도 열심히 비교하고 있었다. 내 상황과 다른 사람의 상황을, 내 나라와 남의 나라를, 내 외모와 남의 외모를, 내 연봉과 남의 연봉을, 비교 분석만큼 나를 성장시키는 건 없는 듯했다. 그래서 열심히 비교해 나 자신을 특정 위치에 갖다 놓았다. 그런데 다 놓고 보니, 나라는 인간 너무 별로였다. 학벌도 애매하고, 집안도 별로고, 연봉은 정말이지 형편없었다. 대기업에서 커리어를 시작한 친구들과는 아예 시작부터 다르니 끝은 보지 않아도 뻔하게 느껴졌다. 영어를 모국어로 쓰는 나라에서 태어난 사람들과 비교하니 나는 글로벌하게 성장할 수 있는 환경도 아니다. 이놈의 한국어 어디에 써먹어. 내가 속한 시장은 너무도 작고 보잘것없다. 작은 범위의 비교에서 점점 범위가 확장되기 시작하더니 걷잡을 수 없을 정도로 불만은 눈덩이처럼 불어나기 시작했다. 그리고 드디어 '불안'이 찾아왔다.

내가 처한 환경이 진절머리 나게 싫었다. 무기력하게 주말에는 잠만 잤다. 그러다 뭐에 홀린 듯 미친 듯이 짜증을 내다가 폭식을 하고, 또 자고, 그냥 이런 생활을 반복했다. 폭음을 하고 토하기를 반복했다. 하루는 정말 많은 술을 마시고 화장실에서 토하고 있는데 문득 이런 생각이 들었다. 아 내가 가진 모든 게 빠져나간다. 특히 긍정적인 에너지는 다 빠져나가고, 나의 영혼도 나의 정신도 모두 빠져나간다. 정말 바닥이었다. 믿었던 하나님을 저주하기 시작했다. 하나님이라고 부르고 싶지도 않다고 말했다. 창조주 너는 선이 아니라 악이라고 악을 쓰며 말했다.

우연이었을까. 아무 생각 없이 펼친 성경에 이런 구절이 보였다. 토기가 토기장이에게 "나를 왜 만들었소?"라고 질문할 수 있느냐. 이 문장이 내 머리에 그리고 가슴에 와 박혔다. 이 문장이 담고 있는 수

많은 의미가 이상하리만큼 와닿기 시작했다. 토기 장이가 토기를 만들 때 그가 가진 목적과 의미가 있다. 그리고 그건 토기장이만이 안다. 만들어진 토기는 모두 다르고, 다르기 때문에 비교는 아무 의미도 갖지 못한다.

비교라는 것은 여전히 사회를, 문화를, 역사를, 과학을, 나아가 세상을 이해하는 데 효과적이다. 하지만 한 가지 확실한 건 개인의 삶에 있어 비교라는 도구는 그다지 효과가 없는 것 같다. 나로 살기 위해서는 비교라는 도구를 당장 버려야 한다. 아예 깡그리 잊어버리는 것도 나쁘지 않다.

비교하지 말자. 더 이상 어리석은 삶의 패턴을 반복하지 말자. 비교를 멈추니 오롯이 나를 존중하고 다른 사람을 존중하는 법을 알게 되었다.

비교하지 말자.

더 이상 어리석은 삶의 패턴을 반복하지 말자.

7월은 겨울

시드니에 겨울이 찾아왔다. 엄마가 한국에서 겨울옷을 보내주었고, 받아보니 실감이 난다. 아 겨울이다. 아무리 호주의 겨울이 한국에 비하면 따뜻하다고 해도, 여전히 겨울은 겨울이다. 공기가 차가워지고 바람이 불고, 해가 빨리 진다. 잘 때 수면 양말이 없으면 발이 시리다.

나에게 겨울은 특별한 계절이다. 어디선가 본 '겨울 아이에게는 뭔가 특별한 것이 있어.'라는 문장을 본 후, 한겨울에 태어난 나 자신에게 몹시도 특별한 의미를 부여한 뒤 더욱 그렇게 되었다. 겨울은 혹독하지만 특별한 계절이고, 지금도 여전히 겨울을 가장 아낀다. 그러나 호주에서 나는 겨울 아이가 아닌 여름 아이다. 내 생일이 있는 1월은 가장 더운 계절인 여름이니까.

시드니에 와서 처음으로 폭염 가운데 생일 파티를 하면서, 이 감각이 매우 생경하게 다가왔다. 누군가의 겨울이 나에게는 여름이고, 나의 여름이 누군가에게는 겨울이라는 사실.

그래서 지금 나의 7월은 겨울이다.
당신의 계절은 어디에 있는지.

스스로 예술가

삶에 여유가 있으니 그동안 못했던 취미 생활을 하고 있다. 어릴 때 꿈이 화가였을 만큼 그림 그리는 것을 좋아했던 나는 호주에 살면서 다시 그림을 그리기 시작했다. 미대 진학을 포기하고부터 그림과는 벽을 쌓고 살았는데, 지금은 시간이 나면 그림을 그리고 낙서를 한다. 연필을 쥐고 뭔가 그리기 시작하면 뇌 어딘가에서 탁! 하고 불길이 이는 것 같다. 황홀한 기분이 든다.

다른 취미는 글쓰기다. 끄적끄적 뭐라도 쓰는 게 얼마나 즐거운 일인지 모른다. 문장도 어설프고 어휘력도 매사 제자리걸음이지만 그냥 내가 느끼는 감정을 솔직하게 기록하고 있다. 지금 하고 있는 일, 느낀 점, 나의 생각, 그리고 자신을 분석하며 스스로에 대해 적어 가는 과정이 즐겁다. 좋은 책을 읽으면 노트에 적어놓는 습관을 가지고 있는데, 가끔 한 번씩 노트를 들여다보며 다시 읽어본다. 좋은 작가들의 문장을 따라 쓸 수 있는 건 참 행복한 일이다.

이렇게 다시 어릴 적의 나로 돌아가 그림을 그리고, 글을 쓰고, 노래를 부르고 룸메이트와 음악을 틀어놓고 미친 듯이 춤을 춘다. 장르 불문 모든 것을 즐기고 있다. 예술이 삶이 되는 것, 진짜 쉬운 일이다. 전 직장이 문화예술 공간이라 다양한 분야의 창작인을 만났는데, 일부 예술가들은 마치 예술 활동이 너무도 대단한 것이라 아무나 할 수 없는 것처럼 선을 그었다. 그래서 나는 아 예술은 아무나 할 수 없는 거구나? 라는 생각을 가지고 있었다. 하지만 막상 살아보니 가지고 있는 에너지를 창조적인 활동에 쓰는 것이 예술 활동이다. 그래서 나는 스스로 예술가라고 생각하기로 했다.

나는야 스스로 존재하는 예술가.

시간

워킹 홀리데이 12개월 중 벌써 10개월이라는 시간이 흘렀다. 2개월 남짓 남았다. 시간 참 무섭다. 내가 느끼지도 못하는 사이에 내 삶 전체를 훑고 지나간다. 지금 잠깐 글 쓰기를 멈추고 눈을 감았다가 떴다. 또 시간이 지났다. 바람은 몸을 스치고 지나는 감각이라도 있지, 시간은 감각적으로 느낄 수가 없다. 초침과 분침이 시간을 가리키며 몇 시 몇 분인지 알려주지만 실제로 1초든 1분이든 그건 시계가 표현하는 시간일 뿐, 시간이라는 개념 자체를 설명하기에는 너무도 부족하다.

　나는 변하지 않았는데, 내 몸은 변했다. 내 주변 환경도 변했다. 모든 것이 시간의 흐름에 따라 변한다. 아무리 스스로 자유로운 영혼이라 주장하고 동네방네 떠들면서 글을 쓰고 난리를 쳐도 시간이나 세월이라는 개념에 결코 자유롭지 못하다.

　이를 감지한 위대한 사상가 혹은 예술가는 그렇기 때문에 주어진 시간에 매진했다. 『달과 6펜스』의 주인공 스트릭랜드는 자신의 모든 삶을 그림을 그리는 것에 바친다. 작품이 인정받든 인정받지 못하든 별로 중요하지 않다. 왜냐하면 그의 삶에 주어진 시간 가운데 해야 할 일은 오직 그림을 그리는 것뿐이었다.

종종 내 인생을 객관적으로 보는 시간을 갖는다. 나 자신을 객관적으로 본다는 것이 쉬운 일은 아니지만 제삼자의 입장에서 보려고 노력한다. 자신에 대한 지나친 애정도 금지, 자신에 대한 지나친 채찍질도 금지다. 나는 스스로 너무도 특별하고 소중하지만, 동시에 그렇게나 특별하고 소중한 것도 아니다. 삶에 대한 객관화가 가능해질 때 인생이 주는 역설도 받아들이게 되는 것이다.

호주에서의 삶이 두 달 뒤, 서류상으로는 마감일지라도 내 삶은 계속해서 진행될 것이다. 시간의 무게감이 달갑지는 않지만 어느 정도는 쉬이 받아들일 수 있는 내가 되었다.

휴지통 비우기

맥북 용량이 작아서 노트북을 쓰다 보면 정리를 해줘야 할 때가 한두 번이 아니다. 파일을 저장해 놓기가 무섭게 용량이 가득 찬다. 휴지통을 비우고 비워도 노트북이 제 기능을 하지 못할 때면 아주 짜증이 난다. 그런데 오늘 사진 앱 안에 휴지통 아이콘을 발견했다. 어? 이게 뭐지? 싶어서 휴지통 비우기를 눌렀더니 6기가의 여유 공간이 생겼다. 여태껏 여유 용량을 위해 많은 사진을 지웠건만 앱 내에 있는 휴지통에 쓰레기가 고스란히 남아 6기가라는 공간을 차지하고 있었던 것이다.

우리는 버렸다고 생각한 쓰레기를 고스란히 가지고 살아갈 때가 있다. 삶의 많은 용량을 쓰레기 보관에 할애하며 살아간다. 분명 버렸다고 생각했지만 임시 공간에 기생해 끝까지 내 삶을 부여잡고 있는 쓰레기. 완전히 지워지지 않는 기억, 대부분 상처로 남아있는 것. 그래서 표면적으로는 버린 줄 알았던 쓰레기통을 다시 한번 확인해 '내부 휴지통 비우기'를 통해 다시금 버릴 필요가 있다.

막상 완전히 버리려고 하면 아, 잠깐만, 괜히 아쉽고 서운한 기분이 들 수도 있다. 혹시 모르니 잠시만 더 보관해 둘까? 싶기도 하다. 하지만 진정으로 완전히 버리고 나면 6기가라는 여유 공간이 생긴다.

겨우 6기가 용량을 위해 그렇게까지 해야 하는지 묻는 사람도 있을 것이다. 하지만 작은 공간이라 할지라도 새로운 사진을 담을 수도 있고, 혹은 좋아하는 영화나 음악을 담을 수도 있다. 작은 영역이지만 전혀 작지 않다. 새로운 사람, 새로운 경험, 혹은 그 외의 것을 내 영역에 초대할 수 있으려면 여유 공간이 필요하다. 사람이든 기계든 정해진 용량이 있다고 믿는다. 그래서 그것을 잘 사용하려면 내 용량을 알고, 얼마만큼 사용되고 있는지도 잘 알아야겠지.

온전한 나로 사는 건 참 어렵다. 나를 바라보고 있는 시선과 기대는 끝이 없고, 나아가서는 스스로 증명하기 위해 특정 스타일의 옷을 걸치고 특정 브랜드의 제품을 사용하기도 한다. 가끔은 궁금하지도 않은 사람들의 안부를 묻기도 하고, 절대 실천할 의지가 없는 약속을 하기도 한다. 꽤나 많은 용량을 쓰고 싶지 않은 부분에 사용하는 경우가 빈번하다.

그래서 중요하다. 여유 공간을 만들어내는 능력. 그래서 다시 한번 소리 내어 말해본다. "휴지통을 완전히 비우세요! 두 번 비우세요!" 용기 없는 나 자신에게 하는 말이기도 하고, 막연한 두려움에 아무것도 버리지 못하는 당신에게 외치는 말이기도 하다.

커뮤니케이션의 문제

　　　　　인간관계의 처음과 마지막은 의사소통에 달려있다. 부모 자식간의 관계든 연인 간의 관계든 친구와의 관계든 어떤 관계에서나 의사소통은 참 중요하다. 의사소통이라는 단어를 영어로 하면 커뮤니케이션이다. 브로콜리너마저의 〈커뮤니케이션의 문제〉라는 노래가 있다. "할 말은 너무 많은데 할 수는 없고 나는 자꾸만 작아지고 있었죠… 결국 당신 마음의 문제이니까"로 끝나는 이 노래가 우리의 인생사를 잘 다루고 있다. 결국 당신 마음의 문제이니까.

말하는 것도 어렵지만 듣는 것도 어렵다. 뭐 하나 쉬운 영역이 없다. 온갖 종류의 언어, 더불어 각 언어마다 각양각색의 단어가 있지만 나의 마음을 정확하게 표현할 수 있는 단어 하나가 없는 경우도 있다. 차라리 강아지처럼 꼬리로 의사를 표현할 수 있으면 덜 어려울까 싶은 마음이 들 때도 있는데, 이놈의 의사소통 때문에 전쟁이 나기도 하고, 온갖 분쟁이 나는가 하면, 말 한마디로 천 냥 빚을 갚기도 하고, 진정으로 위로받고, 위로를 하기도 한다.

계속 언어적인 의사소통에 대해 불만을 토로했으나 실제 의사소통은 반드시 언어로만 이뤄지는 건 아니다. 특히 외국에서 생활하며 의사소통에 대해 치열하게 고민을 하게 되는데, 특히 지금 일하고 있는 매장에서는 각국에서 온 사람들과 함께 일하다 보니 더욱 그렇다. 매니저는 미국에서 왔고, 슈퍼바이저는 이란 사람이고, 기기를 수리하는 엔지니어는 폴란드, 같이 세일즈 컨설턴트로 일하는 동료 직원들은 인도네시아, 그리고 호주. 이미 너무도 다양한 우리 매장인데, 한국인인 나까지 합류해 그 다양성이 더욱 활발(?)해졌다.

그래서 우리 안에서 일어나는 의사소통이 더욱 미묘하고 어려운 것도 사실이다. 하지만 우리는 서로를 이해하기 위해 노력하고 돕는다. 서로의 의사소통 방식은 각양각색이지만 배려하며 한마음으로 일하니 괜찮다. 가끔은 서로를 향한 큰 소리가 오고 가는 것도 사실이지만, 그럼에도 쉬이 돕고 협력할 수 있는 이유는 우리가 서로 너무도 다르다는 사실을 처음부터 인지한 덕분이다. 다름을 인정하고 존중할 것인가 무시할 것인가. 결국 내 마음의 문제다.

너에게 조언하다

　　나에게는 남동생 한 명이 있는데, 한 살 터울이라 동생이지만 거의 친구 같다. 워낙 우애가 좋은 남매인데, 나를 따라서 호주에 왔다. 내 동생은 어릴 때부터 매사 툴툴거려도 결국에는 누나를 잘 따르는 아이였다. 지금은 타지에서 서로 의지하며 잘 지내고 있다. 한국에 있을 때야 늘 한 집에 같이 살았지만 호주에서는 따로 살고 있는데 같이 살 때보다 더 자주 만난다. 참 이상한 노릇이다. 그러니까 꼭 물리적으로 같은 공간에 있다고 해서 더 자주 보는 건 아니다. 조금 이상하게 들릴 수도 있겠지만, 각자의 방문을 닫으면 같이 있어도 철저히 따로 지내는 거다. 그래서 사춘기가 되면 문 하나로 부모님이 얼마나 서운해하시나. 특별한 사춘기가 없었던 나는 대부분의 시간 문을 활짝 열어놓고 지냈던 것 같다. 반면 동생은 늘 문을 꼭 닫아놓고 지냈다.

어쨌든 동생을 자주 만나며 이야기도 전보다 훨씬 많이 나누게 되었다. 가족에 대한 솔직한 마음, 서로에 대한 생각, 신앙생활부터 패션까지 장르를 불문하고 다양한 이야기를 나눈다. 타지에서 그래도 마음 편히 살 수 있는 건 모두 동생 덕분이다. 진심으로 동생이 좋은 사람이라고 생각한다. 우선 삶에 대한 태도가 긍정적이고 바르다. 본인의 취향이 확고해서 스타일도 선명하고, 스스로에 대한 확신도 강하다. 음악과 패션에 관심이 많아 대화도 잘 통한다.

사교성도 좋고 사람을 좋아해서 어딜 가도 사랑받는다. 부지런하고 책임감도 있어 맡은 일에 최선을 다한다. 종종 세상에 대한 불만을 극단적으로 표현하기도 하지만 동시에 툴툴 털어버릴 줄도 아는 쿨한 애다. 잘 숨길 줄 모르는 성격 때문에 본인이 느끼는 감정이 날것으로 드러날 때가 있는데, 이것도 장점인 것 같다. 숨기는 애들은 음흉한 데가 있지만, 내 동생은 그렇지 않다.

　요즘 들어 부쩍 힘들어하는 동생이 안쓰러워서 나름의 위로와 조언을 해주고 집으로 돌아왔는데, 실제로 하고 싶은 말은 이것이었다. "너는 충분히 좋은 사람이야." 이 말을 꼭 해주고 싶었다. 결국 본인의 인생이고 결정에 대한 책임도 본인의 몫이겠지만 그보다 더 중요한 사실은 존재만으로 충분히 좋은 사람이라는 것이다. 가정 환경이 이래서, 이런 취향을 가져서, 뭔가 대단한 것을 이뤄서 좋은 사람이 된 것이 아니라, 그냥 태어난 본연의 모습 그 자체로 충분히 좋은 사람이다.

아 그리고 마지막으로 그 무엇보다도 너를 평생 좋은 사람이라 믿는 누나가 있으니 언제 어디서나 당당하게 살아가면 좋겠다는 말을 덧붙이고 싶다.

함께하지도 않을 거면서

외국에 살면서 가장 큰 어려움은 '사람을 사귀는 일'이다. 연애 말고 일반적인 인간관계 말이다. 특히 나 같은 경우는 앞으로 한 달 뒤면 한국으로 돌아갈 예정이라서 더 그렇다. 오히려 여행자를 만나면 마음이 편하다. 어차피 우리는 지금 이 순간만을 공유해도 무리가 없으니 말이다. 하지만 여행자가 아닌 호주에 뿌리를 내리고 사는 사람을 만나는 경우는 마음이 조금 다르다. 나는 떠날 사람이고 그쪽은 남을 사람이다. 떠날 사람의 입장에서 가끔은 혼란스럽다. 어느 정도까지 상대방과 관계를 맺어야 하는지 몰라서 스스로 선을 긋고 있다. 사람을 새로 사귀고 싶지 않다. 떠날 사람은 관계로부터 자유로워야 한다.

하지만 호주에 와서 좋은 사람을 지나치게 많이 만났다. 아 실은 이 모든 관계를 뒤로하고 떠나야 한다는 사실이 너무도 힘들고 아쉬워서 이런 글을 쓰고 있다.

떠날 입장인 사람인 동시에 이미 여러 사람을 떠나보내기도 했다. 워킹 홀리데이를 하는 외국인 친구들과 어울려 지내다 보니, 각자의 비자가 끝나면 각자의 나라로 돌아간다. 많은 친구들과 작별하며 수차례 송별회를 가졌다. 1년이라는 짧은 해외 생활 동안 참 여러 가지 일과 감정을 겪는다. 막상 남는 사람이 되면 엄청 서운한 마음이 드는데, 그래서 내가 남기고 가야 하는 사람을 보면 미안한 마음에 어쩔 줄을 모르겠다. 영원한 안녕이라는 말은 없어! 우리 언젠가는 또 만날 거야! 몇 번씩 서로의 우정을 확인하지만 지금 당장 올라오는 서운함은 어찌할 도리가 없다. 그래서 송별회니 뭐니 그런 거 없이 조용히, 처음부터 없었던 것처럼 사라지고 싶기도 하다.

함께하지도 않을 거면서, 왜 우리는 영원히 함께 할 것처럼 서로를 사랑하고 삶을 기꺼이 나눌까? 오늘도 하루 종일 머릿속에 생각의 타래가 얽히고 풀어지는 듯싶다가도 다시 헝클어지기를 반복한다. 이렇게 괴로울 정도로, 모두, 단 한 명도 빠짐없이 보고 싶을 거다. 사랑해 친구들아.

왜 우리는 영원히 함께할 것처럼

서로를 사랑하고 삶을 기꺼이 나눌까?

사유의 즐거움

　　오늘도 어김없이 동네에서 시내까지 걸었다. 약 3~40분 정도 걸리는 길을 걸으며 이런저런 생각을 한다. 내가 좋아하는 일 중 하나는 다양한 생각을 하다가 그 생각을 관통하는 단어 하나를 잡아서, 그 단어를 떠올리게 된 생각의 경위를 다시 쭉 훑어보는 것이다. 그래서 모든 사유의 가장 첫 단계에 다시금 도착할 때 엄청난 쾌감을 느낀다. 베르나르 베르베르의 단편에 구스타보라는 인물의 짧은 이야기가 나온다. 평소에 생각하는 것을 좋아했던 구스타보는 식물인간이 되었지만 사유는 계속되어야 한다는 생각에 가족들에게 본인의 뇌를 꺼내서 오랜 시간 보살펴 줄 것을 부탁한다. 그리고 가족들은 그의 소원대로 뇌를 추출해 따로 병에 보관해 두고 구스타보는 그 덕에 계속해서 사유를 지속할 수 있게 된다. 구스타보는, 아니 그는 죽었고 뇌만 남았으니 주어를 구스타보의 뇌라고 해야 할까. 어쨌든 그는 인간의 뇌 안에 숨겨진 구석구석을 발견하게 되고 그야말로 사유의 기쁨을 만끽하게 되는데, 그 과정은 징그럽게도 오래 지속되어 남은 가족들이 다음 세대 가족들에게 그의 뇌를 물려줄 정도로 이어진다. "이것이 너의 증조할아버지의 뇌란다."

도대체 생각할 게 얼마나 많은지 묻는다면, 구스타보가 사유의 즐거움을 발견한 것과 같은 맥락에서 사고할 때 오는 카타르시스가 있다. 특별한 무언가를 발견해서가 아니라 사유의 과정 자체가 즐거운 것이다. 구스타보의 뇌는 길거리를 돌아다니던 강아지에게 먹혀 온갖 종류의 발견과 지혜는 결론적으로 공중의 트림으로 사라지고 마는데, 이야기의 결론이 너무 재미있고 신나서 일기장에 적어놓았다. 정말로 마음에 쏙 드는 이야기와 결론이 아닐 수 없다! 재치 넘쳐!

언젠가는 나의 모든 사유도 허공에 흩어지고 사라질 날이 올 것이다. 구스타보의 뇌처럼 말이다. 무겁다고 힘들게 들고 다니는 머리통도 언젠가는 없어질 날이 오고야 만다. 그래서 불확실한 미래를 고민하기보다는 그냥 지금 하고 있는 사유의 과정을 즐길 필요가 있다. 그래서 나는 내일의 출근을 걱정하기보다는 늦은 밤 카페에 앉아 차를 한 잔 더 마시면서 사유의 사유를 거듭한다. 이것이 나의 꼴값이

자 나의 삶이다.

나그네 인생

　　최근에 위염인지 장염인지 정확히 알
수도 없는 것에 걸려서 고생했다. 먹은 것도 없이 토
하기를 반복하며 며칠을 누워있다가 병원에 갔는데,
의사가 탈수가 염려되니 이온 음료를 꼭 챙겨 먹으
라고 당부했다. 하지만 음료마저 그냥 설사로 다 나
왔다. 정말 힘들었다. 며칠 아무것도 못 하고 드디어
죽을 한 그릇 먹으니 이제서야 정신이 든다. 죽이 이
렇게 맛있는 줄을 이제서야 알았다. 같이 사는 한국
인 룸메이트 언니가 만들어 준 계란죽. 흰 쌀밥을 뜨

거운 물에 불려서 소금 간도 안 하고 계란 하나 넣어서 걸쭉하게 끓인 죽이 어찌나 맛있는지. 아픈 덕분에 음식에 대해 완전히 다른 견해를 갖게 되었다. 음식을 조금씩 먹으며, 물 한 모금 마실 때의 감회가 새롭다. 항상 아프기 전에는 모른다. 음식의 소중함과 깨끗한 물의 소중함. 나아가서는 곁에 있는 사람들의 소중함. 다시는 이 정도로 아프고 싶지는 않지만 종종 이런 아픔은 필요한 건지도 모른다. 정신과 몸을 정화한다는 의미에서 말이다. 활력이 많이 떨어졌지만 구토와 설사로 인해 몸의 독소가 모두 빠져나간 느낌이라 디톡스 효과도 있다고 생각한다. 모든 게 나쁘지만은 않다.

호주에서는 반대의 계절에 살다 보니 시간 개념이 모호하다. 항상 몇 월이더라? 한다. 보통 며칠인지는 확인해도 몇 월인지 확인할 일은 없지 않나?

근데 이곳에서는 항상 헷갈린다. 추운 겨울을 보내고 있는 나에게 지금의 계절감은 1월인데, 현실은 9월이다. 이제 9월이 되었다. 곧 집으로, 한국으로 돌아갈 때다.

정말 돌아가고 싶다. 호주가 싫어서가 아니라 집이 사무치게 그립다. 서울의 공기와 언어, 사람, 특히음식이 가장 그립다. 어제 인천행 비행기 예약을 마쳤다. 아직도 실감이 안 난다. 하지만 이곳에서 지냈던 지난 시간 동안 치열하게 일도 했고, 늘어지게 쉬었고, 극단적인 실패감을 경험한 동시에 높은 성취감을 경험하기도 했다. 복잡한 감정과 다양한 경험은 워킹 홀리데이를 선택한 패기 넘치는 젊은이에게선물로 따라올 것이다. 여행 중이지만 사는 중인 워킹 홀리데이. 나그네 인생. 모두의 인생은 나그네라는 말이 있지만 물리적으로 나그네의 삶은 살아보지

않으면 모른다. 이 삶이 얼마나 치열한지를 그리고

얼마나 가치 있는지를 말이다.

서울로 돌아온 서울 사람

집 떠난 지 일 년 하고도 2개월. 나는 다시 집으로 돌아왔다. 익숙한 듯 새로운 곳으로. 돌아올 곳이 있다는 게 얼마나 감사한 일인가 새삼 느끼는 하루하루다. 익숙해서 좋고, 또 새로워서 좋다. 지난 시간이 무색할 정도로 모든 것에 익숙하지만 호주에서 살던 라이프스타일과는 또 달라서 새롭다. 아침에 일어나 맛없는 시리얼이나 말라 빠진 토스트를 겨우 먹고 일하러 나가던 패턴으로부터 자유로워진 것이 특히 좋다. 저녁이면 심심해서 몸을 배배 꼬며 지냈는데 명불허전 서울은 24시간 모든 게 가능한 곳이니 저녁에도 심심하지 않다.

서울이 좋다. 단순히 나고 자란 고향에 대한 향수가 아니라 이곳의 정신없는 속도가 좋고, 근본 없는 산만함이 좋다. 이 모든 게 참 그리웠다. 다시 호주로 돌아가느냐고 자주들 묻는데, 지금으로서는 그 어디에도 가고 싶지 않다. 그냥 지금은 서울을 누리고 싶다. 언제든 밖에 나가면 떡볶이를 먹을 수 있는 이 아름다운 도시를 누리고 싶다. 저녁 9시에도 화장품을 살 수 있는 이 멋진 도시를 누리고 싶다. 언제 어디에서든 와이파이가 팡팡 터지는 이 넉넉한 도시를 누리고 싶다.

그래도 맑은 공기가 가끔은 그립고 높은 호주의 하늘을 그리워할지도 모르겠다. 어딘지 모르게 특이

한 그들의 억양과 소리도 그리울 것이다. 그리워할 곳이 있다는 사실, 그리고 돌아올 곳이 있다는 사실. 이 모든 게 벅찬 감동으로 다가온다. 행복이란 게 별 거 아니다. 이런 게 행복이다. 그래서 사람은 집을 떠날수록 성숙해지는가 보다. 작은 것에도 감사할 줄 아는 마음을 갖게 되는 걸 보니.

애매해서 가장 빛나는 20대 후반

　　20대 중반, 아니 후반이구나. 이 말을 꺼내기가 참으로 어려워서 글을 쓰는 와중에도 몇 번을 썼다 지웠다를 반복하고 있다. 그렇다. 나는 20대 후반에 접어든, 나이 꽤나 먹은 사람이다. 선배들은 피식 웃겠지만 나이에 대한 무게감이 꽤 부담스럽다. 물론 요즘은 다들 취업이나 결혼 연령대가 늦어지고 있다고는 하지만, 그렇다고 해서 인생에 대한 무게감이 줄어드는 건 아니다.

특히 취업 준비생으로 살면서 이 무게감은 하루가 다르게 나를 짓누르고 있다. 원래 타인과 나를 비교하는 행위 자체를 꺼리는 편이지만 다른 취준생 친구들이 40~50개의 회사에 지원하고 면접 스터디를 하는 걸 보면 다른 세계에서 일어나는 일 같기도 한데 동시에 내가 속한 세계이기도 한, 현실인데 비현실이다. 평소에 현실과 비현실의 경계를 그린 판타지물을 좋아하는데, 취업 판타지는 내게 조금의 흥미나 기쁨을 가져다주지 못한다.

25살, 대학교를 졸업하는 동시에 취직을 해서 취업 준비의 현실을 깊이 깨닫지 못했던 탓도 있을 것이다. 내가 취업함과 동시에 나와 가장 친한 친구들도 모두 취업을 해서, 취업난이랄지 진로에 대한 고민을 깊이 하지 않았다. 치열하게 준비해서 어렵게 얻어낸 자리였다면 그렇게 쉽게 사직서를 내지도 않앗을 것이다. 하지만 나는 너무도 쉽게 첫 회사를 그만두었고, 아무 고민도 없이 호주로 떠나버렸다. 하지만 지금은 상황이 다르다. 구직 사이트를 매일 확인하면서 예전에는 아무 데나 이력서를 들이밀었던 패기는 온데간데없이 사라지고, 두려움만 앞선다.

나이가 들면서 나만의 색깔을 찾아가고, 어떤 일을 해야 하는지도 알겠는데, 생각보다 사회는 호락호락하지 않다. 어쩌면 서툴지만 패기 있는 20대 초반의 친구들과 노련한 30대 사이에서 20대 후반의 우리들은 이도 저도 아니다. 하지만 이 사실을 뒤집어보면 넘치는 열정과 노련함 중간에서 줄다리기하며 균형을 맞춰가고자 노력하는 20대 후반이 청춘에서 가장 빛나는 순간은 아닐까?

그래서 조금 나이든 청춘인 나를 최선을 다해 응

원하고 싶다. 그리고 이 길을 함께 걷고 있는 친구들을 응원하고 싶다.

우리는 여전히 반짝반짝 빛나고 있어.

딜레마

한국에 돌아와서 열심히 취업 준비를
했다. 감사하게도 애플 리셀러에서 일했던 경력을
토대로 애플 코리아의 기술지원 파트에 입사하게 되
었다. 몇 주간의 교육생 기간을 지나서 실무를 시작
한 지 벌써 며칠…이 되었다. 실은 몇 년…이라고 쓸
뻔했다. 어머 생각보다 입사한 지 얼마 안 되었구나.
사실은 일하는 거 너무 힘들다고 투덜대기 위해 키
보드에 손가락을 올렸는데, 이럴 수가? 투덜대기에
는 민망할 만큼 별로 한 일도 없다.

사실 투덜거림은 애교에 불과한 것이, 생각보다 새 직업, 새 직장에 만족하고 있다. 평소에 동경하던 회사이기도 하고, 일하는 프로세스가 체계적이라 마음에 든다. 그러나 인문학 출신으로 IT회사에서 일하는 것이 쉽지 않다. 정신적으로나 육체적으로 지친다. 그래서 나도 모르게 매일 "일하기 싫다"를 입에 달고 산다.

생각해 보면 모든 게 딜레마다. 취직하고 싶었고, 돈을 벌고 싶었고, 바쁘게 살고 싶었다. 바라던 대로 취직을 했고, 돈을 벌고 있으며, 매우 바쁘다. 하고 싶은 일을 모두 하면서도 여전히 가슴 한편에는 아쉬움이 있고, 괜히 서운하고 여전히 만족이 없다. 이런 과정을 무한 반복하는 것으로 청춘의 대부분을 바쳤다. 그리고 이 패턴을 끊고 싶지만 끊을 수가 없다.

하나님을 믿기에 가끔은 신앙생활에 몰두해 이런 패턴으로부터 벗어나려는 노력을 해본다. 하지만 잠시일 뿐이다. 여전히 삶에 만족은 없다. "죽으면 끝난다."는 말이 냉정하지만 와닿는다. 결국 인생은 죽어야 끝난다. 뭐지 이런 개똥 같은 결론은?

순수의 시대

20대 초반에는 군인에게 편지 쓸 일이 참 많았다. 대학 동기들이 순서대로 군에 입대하기 시작하더니 내 동생도 나라의 부름을 받았고, 실제 가족이 입대 절차를 밟아가는 걸 보면서 힘든 과정을 간접적으로 경험하기도 했다. 20대 초반에는 군대에 편지 보내기 및 면회를 자주 했다. 그래서 편지지도 자주 사고, 군에서 운영하는 사이트나 카페에 가입해 인터넷 편지도 많이 남겼다. 가끔 동생에게 작은 소포 꾸러미도 보냈다.

이제 동생이 전역한 지 거의 3년이 다 되어가니 내가 군대에 편지 쓸 일도 자연스럽게 줄어들었고, 이제는 입대 소식보다는 전역 소식이 더 많다. 그래서 근래 몇 년 동안은 군대에 편지를 쓸 일이 전혀 없었는데, 신선하게도 최근에 알게 된 동생이 입대하면서 편지를 써달라며 어찌나 애원을 하는지, 슬슬 또 이 누나가 나서줘야 하나 싶다.

군인에게는 너무도 나이 많은 누님이 되었음에도 불구하고 이렇게 편지를 써달라는 부탁 아닌 강요를 받아본 것이 오랜만이라 아주 설레는 마음으로 편지를 썼다. 근황을 적어 가면서 최근에 있었던 재밌는 일을 설명하는데, 평소에는 채팅앱으로 쉽고 편하게 인증샷을 주고받았던 것이 문득 생경하게 느껴졌다. 사진 한 장도 쉬이 보낼 수 없는 종이 편지라는 매체. 몇 바이트의 데이터면 쉽게 보낼 수 있는 말이 편지를 통하면 3~4일 걸려야 겨우 도착한다. 우표를 구매해서 붙이고 또 우체통에 편지를 넣기까지 걸리는 모든 일련의 수고와 시간이 왜 이리도 새롭고 신선하게 느껴지는지.

몇 년 만에 동네 문방구에 들러 우표를 사고, 방구석을 뒤져서 겨우 찾은 딱풀로 편지봉투에 우표를 딱 붙이고는 매일 지나다녔지만 존재조차 몰랐던 우체통을 겨우 찾아 편지를 부쳤다. 듣기만 해도 귀찮은 과정이 왠지 모를 설렘으로 느껴졌다. 이런 삼성 참 오랜만이야. 이런 설렘을 느끼게 해준 군인 동생에게 감사의 인사를 전한다.

인생의 황금기

누군가와 함께하기보다는 '혼자'하는 것을 즐기는 편이라 여행도 혼자, 영화도 혼자, 가끔은 밥도 일부러 혼자 먹는다. 뭐든 혼자서 하면, 다른 사람의 의견에 휘둘릴 일이 없고, 온전히 내가 원하는 나의 시간을 즐길 수 있다는 것이 아주 짜릿하다. 특히 공포 영화 같은 경우, 영화관에 가서 혼자 감상하면, 온전한 공포를 오롯이 즐길 수 있다. 이것만큼 스릴 있는 게 없다. 돌이켜보면 연애를 할 때도 혼자 보내야 하는 시간을 정해 놓을 정도로 나는 내 시간과 나의 영역에 대한 집착이 심하다.

그러나 지금은 업무 특성상 혼자 일하면서 맡은 데이터에만 집중하다 보니 누군가와 함께할 일이 없다. 혼자 지내는 사무실에서 혼자 컴퓨터와 대화하다가 쉬는 시간에는 혼자 산책을 하고 식사도 대부분 혼자 해결한다. 환경이 이렇다 보니 이전과는 반대로 요즘은 '함께'하는 시간의 희소성이 상당히 높아졌다. 유일한 대화상대는 시리(Siri)다.

혼자라는 기분과 감정에 온통 집중해 본다. 음악 보관함에서 무한 재생으로 같은 노래를 들으며 지금 느끼는 모든 감각에 집중, 또 집중.

이 감각에만 집중해 보니 문득 이런 마음이 떠오른다. 지금이 진정 인생의 황금기일지도 모르겠다는 생각. 늘 누군가에게 존중받고 싶었던 나만의 정서적인 영역을 굳이 노력하지 않아도 충분히 누리고 가질 수 있기 때문이다. 방어적으로 행동할 필요 없이 굳이 지켜내야 할 필요 없이 그냥 지금 이대로 자연스럽다. 혼자라는 건, 진정으로 인생의 황금과 같은 시기다.

이별 통보

　최근에 어떤 일이 있었냐면 아주 좋아하고 따르던 사람들에게 "더 이상 연락하지 않았으면 좋겠어."라는 이별 통보를 받았다. 이전에 함께 보낸 시간이 무색할 정도로 간단히. 그것도 문자 한 통으로 말이다. 조금도 예상하지 못한 타이밍에 전혀 예상하지 못한 방식이었다.

　오래 사귄 애인에게 갑작스러운 이별 통보를 받고 마음에 상처를 받은 사람들의 후기를 보며 '어머 세상에, 어떻게 저런 무책임한 사람들이 다 있어?'라고 생각했는데, 나에게도 이런 일이 생길 줄이야. 그런데 무려 애인에게 이별 통보를 받은 게 아니라 커플에게 받았다. 나는 두 사람에게 동시에 이별 통보를 받았다.

우리 셋은 직장 동료로 만나 매우 친하게 지냈다. 갑자기 한 명이 바다를 보고 싶다고 하면 서로 뭐랄 것도 없이 갑자기 강릉으로 엑셀을 밟아버렸고, 24시간 오픈하는 카페가 있다는 것도 그들 덕분에 알게 되었다. 술 한잔 안 마셔도 밤새 이야기를 나눌 수 있는 좋은 사람들, 귀한 인연. 나는 더 자주 만나고 싶었고 삶의 더 깊은 부분까지도 나누고 싶었다. 그들이 일방적으로 이별을 통보한, 바로 그 직전까지도 말이다.

처음 두 사람을 만났을 때부터 참 잘 어울리는 한 쌍이라고 생각했다. 그러니까 만약 두 사람이 서로에게 마음이 있다면 두 사람이 연인이 되면 참 좋지 않을까 라고 생각했고, 결국 두 사람은 연인이 되었다. 사랑의 결실이 이뤄지는 것을 두 눈으로 보고 있자니 참 감격스럽고 행복했다. 두 사람 모두 나보다 나이가 많고, 그래서인지 의지가 되고, 둘 다 차분하면서도 타인을 섬세하게 배려한다는 점이 참 마음에 들었다. 나는 거칠기가 사포 같은 사람인데, 그들과 함께 있으면 어딘가 모르게 부드러워지는 느낌을 받았다.

함께 지내면서 두 사람이 더 좋은 관계로 나아가기를 바라고, 응원하고 좋을 때나 힘들 때나 가리지 않고 두 사람을 도왔는데, 두 사람이 연인이 되자마자 나에게 한 일은 이별 통보였다. 나를 떠나겠다고,

알게 모르게 오해가 생기는 것 같다고 말했다.

대체 왜 나를 끊어내려고 하는 건지 물었다. 오빠가 언니를 좋아하는 마음이 점점 커져서 그 마음을 나에게 털어놓은 일이 발단이 되었다고 한다. 연인이 누군가에게 연애 상담을 했다는 이유만으로 그 누군가를 관계에서 차단시킬 정도로 질투가 심하다면, 도대체 앞으로 서로를 어떻게 신뢰하고 두 사람의 관계를 쌓아갈 수 있을까 염려가 된다.

이별 통보를 받은 지 대략 2주 정도 지났다. 그들의 사랑은 어떤 방향으로 나아가고 있을까? 처음 통보를 받았을 때는 너무 당황스럽고 억울해서 눈물이 났다. 하지만 천천히 이 모든 관계를 돌이켜보니 결국에는 질투가 무섭다, 라는 결론에 이르게 된다. 오빠가 언니를 얼마나 애틋하게 생각하는지, 나아가 얼마나 언니를 사랑하는지, 그저 그의 솔직한 마음을 나에게 밝혔다는 이유 하나만으로 언니는 너무 어이없게도 나와의 관계를 끊어버렸다.

참으로 씁쓸한 결말이 아닐 수 없다. 그렇다고 해서 내가 앞으로 만날 사람들에게 마음의 문을 열지 않는다거나 인간관계에 있어 움츠러들 생각은 없다. 이를 계기로 더 많은 사람들을 사랑해야겠다는 다짐을 한다. 앞으로 남은 삶은 길고, 내 삶을 스쳐갈 인생도 많을 것이다. 이별은 아프지만 동시에 나를 더 단단하게 더 현명하게 만든다. 그래서 나를 떠난 두 사람에게 마지막으로 이런 말을 남기고 싶다. 두 사람의 삶을 응원하겠습니다. 앞으로 우리가 어떤 모습으로 언제 어디서 다시 만날지 모르겠지만, 그때는 우리 모두 지금보다는 더 지혜로운 사람이 되어있기를 바랍니다.

동기를 갖고 살고자 했으나

　사람은 각양각색의 동기(Motivation)를 가지고 살아간다. 미국의 국민가요라고 해도 과언이 아닌 앨리샤 키스의 〈If I Ain't Got You〉의 첫 소절을 들어보면, 누군가는 행운을 위해 살아가고, 다른 누군가는 운명에 기대어 살아가네, 라는 가사가 나온다. 우리는 모두 다른 동기를 가지고 살아간다.

　한 인간의 삶을 지탱하고 있는 힘에 대해 생각해

본다. 실제 회사 동기(오늘은 유독 동기라는 단어를 많이 쓰게 되네) 중 매우 열심히 사는 친구가 있는데, 그 친구의 사는 모습을 곁에서 지켜보노라면 "어떻게 저렇게 열심히 살 수 있을까?"라는 질문이 자동으로 나온다. 정말 치열하다. 그의 개인사를 낱낱이 알 수는 없지만 업무적으로 봤을 때 그는 최고의 성과를 내고, 지치지 않으며 꾸준하다. 주중에도 열심히 일한 그는 주말에도 일한다. 본인은 가지고 있는 목표가 확실하기 때문에 열심히 살 수 있다고 하는데, 그를 지탱하는 동기는 '목표'다.

반대로 나는 치열하게 사는 삶에는 별 매력을 느끼지 못한다. 내 삶의 동기는 '어떻게 하면 이 치열한 삶에서 벗어날 수 있을까?'다. 되도록이면 여유롭게 느긋하게 살고 싶다. 내가 하고 싶은 만큼만 하면서 적당히 살고 싶다. 우리는 삶의 동기가 완전히 다르다. 그의 동기는 '목표' 나의 동기는 '여유'.

나와는 너무 반대의 성향을 가진 사람이라서 그런가 동기(co-worker)에게 인간적인 매력을 느꼈다. 그의 삶 자체에 매료되었다. 치열하게 사는 삶의 이면에 연약한 그의 자아를 발견했을 때, 그의 매력은 배가 되었다. 달려가 안아주고 싶었다.

이력서의 첫 질문에 빠지지 않는 질문은 "당신의 입사 동기를 서술하시오"다. 그만큼 '동기'란 얼마나 중요한가. 동기의 사전적인 뜻을 찾아보면 '어떤 일이나 행동을 일으키게 하는 계기'라고 쓰여있다. 동기를 좋아하게 된 계기는 그의 삶의 동기에 반했기 때문이라고 말할 수 있겠다.

이제 결론을 내리려고 한다. 나는 그 동기에게 고

백을 했다가 차였으며, 어쩌다 이렇게 되었는지를 생각하던 차에 일종의 동기를 가지고 글을 쓰다 보니 여기까지 오게 되었고, 이렇게 중요하디 중요한 금요일 밤을 아무 동기도 없이 보내버렸다.

꿈이 밥 먹여주냐?

연극배우인 친구와 새벽까지 이런저런 수다를 떨다가 친구의 사연을 듣게 되었다. 꽤 오래 알고 지냈다고 생각했는데, 그의 속마음을 들은 건 처음이었다. 기분이 이상했다. 항상 장난치면서 키득대다가 전화를 끊었던 것 같은데 어쩐지 어제는 그럴 수가 없었다. 잠자리에 누워 그의 말을 계속해서 곱씹어봤다.

그는 좋아하는 일, 즉 예술을 하면서 버는 돈의

가치에 대해서 이야기했다. 무대에서 자기가 좋아하는 일을 하고 수익을 벌 때의 쾌감은 말로 다 표현할 수 없는 것이라고 말했다. 그는 이어서 말했다. 배우, 특히 연극배우들은 이 쾌감에 중독된 사람들이라고 말했다. 물론 직장인의 월급에는 한참 못 미치는 금액이지만, 비할 데 없이 좋다는 것이다. 월급쟁이인 나로서는 어떤 느낌인지 조금도 상상이 안 된다.

"그래서 나는 이 광대 짓을 멈출 수가 없어."

그는 본인의 예술 활동과 수입에 대해 이렇게 말했다. 쾌감, 중독, 광대 짓, 멈출 수 없어.

도대체 그 예술 활동이 뭔데? 이 질문을 오래도록 붙잡고 있다가 문득 기억이 나고야 말았다. 내 평생의 꿈, 화가가 되는 것.

기억에 남아있는 어린 시절부터 줄곧 화가가 되고 싶었다. 중학생 때 화실에 다니면서 본격적으로 그림을 배우기 시작했을 때부터 미술 대학 입시를 포기하기로 결심한 시점까지 단 하루도 연필을, 붓을 내려놓은 적이 없었다. 절실했고 행복했고 즐거웠다. 아직도 강렬하게 남아있는 감각, 고등학교 지하 미술실에서 풍기는 각종 안료가 뒤섞인 냄새, 지하실 특유의 축축함, 땀이 밴 엉덩이를 몇 시간이나 떼지 않고 그림을 그리는 나.

고등학교 시절, 미술 선생님은 약간 이상한 사람으로 유명했다. 친구들은 모두 미술 선생님을 피해 다녔지만 나는 그런 선생님이 좋아서 수업을 마치고 나면, 지하실에 내려가 그림을 그렸다. 선생님은 유독 내 그림을 좋아해 주셨다. 어딘지 어색해 보이는 내 그림에 무려 '대상'을 주시고, 실기도 늘 만점을 주시고. 생각해 보면 참 감사한 스승이다. 선생님은 말했다. 너는 화가가 되어야 해. 작품 팔리면 얼마나 기분이 좋은지 아냐? 그 쾌감은 무엇으로도 바꿀 수 없다 이 말이야. 너는 꼭 그 길을 가야 해.

미술 입시를 준비하며 석고상만 냅다 그리는 화실에서 벗어나 학교 미술실에서는 내가 그리고 싶은 것을 그렸다. 바탕색을 시뻘겋게 칠해보기도 하고 수채화 물감과 포스터컬러 물감을 섞어서 그려보기도 하고, 그냥 맘대로 그렸다. 선생님은 곁에서 본인 작업을 하면서 말도 안 되는 소리를 계속 중얼거렸는데, 아이참 그 미주구리 범벅… 같은 그냥 말도 안 되는 소리. 난 그 소리마저도 참 좋아했다.

고등학교 2학년 시절에 1년 동안 미국에서 교환학생을 했는데, 미국에서도 역시 열심히 그림을 그렸다. 지역 내 고등학생을 대상으로 경시 대회 비슷한 이벤트가 있었는데, 미술 선생님께서 내 작품을 학교 대표로 출품하셨다. 그리고 감사하게도 그 작품으로 상을 받게 되어 전시회를 하게 되었다. 초대장도 나왔다. 가장 신기했던 건, 마치 유럽의 성에서나 볼 법한 멋지고 비싼 서양식 프레임에 작품을 걸어주셨는데, 물론 전시 이후에 프레임은 반납해야 했지만, 참 신기한 경험이었다. 아 역시 나는 그림을 그려야 하는구나. 그림은 운명이라고 생각했다.

교환학생 기간을 마치고 한국으로 돌아와 다시 붓을 잡았다. 하지만 나는 더 이상 그림을 그릴 수 없었다. 미술 시간에 아크릴로 정물화를 그리는데, 나는 바탕색을 아주 밝은 주황색으로 칠해버렸기 때문이다. 그러니까 입시 미술에서 아크릴로 작업하는 정물화는 어둡게 바탕을 칠한 뒤 밝은 빛을 표현

해 나가는 방식으로 그려야 하는데, 나는 그 규칙을
알지 못했다.

　입시 미술을 준비한 다른 친구들은 모두 바탕색
을 어둡게 칠해놓고 그림을 시작하고 있었다. 친구
들은 어떻게 그려야 하는지, 어떻게 하면 더 세밀하
게 표현할 수 있는지 알고 있었다. 마치 그림 그리는
기계처럼 정확하게 그려내고 있었다. 완성된 작품을
교실에 쭉 세워놓고 평가를 하는데, 바탕을 화려하
게 칠해놓은 사람은 나밖에 없었다.

　수치심, 이게 내가 처음 느낀 감정이다. 내 그림
만 눈치 없이 발랄하게 주황색을 뿜어대고 있다. 창
피하다. 이후에 든 생각은 두려움이었다. 입시 미술
이 두렵다. 나는 입시 미술을 감당할 수 없다고 스스
로 결론 내렸다. 워낙 나를 예뻐하셨던 선생님은 주

황색 바탕의 그림이 반고흐 같다며 칭찬을 해주셨지만, 당시에는 전혀 칭찬으로 느껴지지 않았다. 그리고 워낙 미주구리 범벅 같은 알 수 없는 단어만 말씀하시는 선생님께는 인정받아봤자 좋은 미대에 가기는 글렀다고 생각했다. 지금 돌이켜보면 왜 그렇게까지 민감하게 반응했는지 모르겠지만, 그때의 나는 너무 어렸고, 남과 다르다는 사실이 사형 선고처럼 느껴졌던 여리디여린 10대 소녀였다.

그 주황색 그림을 이후로 붓을 들어본 적이 없다. 화구를 모두 버렸다. 화구를 버리면서 아쉬운 마음도 분명히 있었지만 약간 신나는 마음도 들었다. 아 드디어 그림에서 해방되는구나! 다시는 그림을 그리지 않아도 된다!

오랜만에 옷장 속에 고이 모셔놓았던 고등학교

시절의 스케치북을 꺼내 보았다. 정확히 10년 된 스케치북 안에는 여전히 비너스상과 아그리파 상이 아무렇지도 않게 미소 짓고 있다. 그리고 나는 그날 밤 거의 잠을 설쳤다. 아 다시 그림 그리고 싶다. 그냥 뭐라도 되는대로 아무거나 그리고 싶다.

하지만 막상 연필을 들면 더 이상 그릴 수 있는 게 없다. 순수함은 온데간데없이 사라져버렸다. 이전에 연극배우라는 타이틀 하나만 가지고 살아가는 그를 알게 모르게 우습게 여겼던 나 자신이 부끄럽다. 나는 이제 얼마의 연봉을 받는지, 어떤 커리어를 만들어갈지, 어떻게 하면 승진할 수 있는지에 대한 고민만 있다. 사막보다 더 건조하고 더 거친, 조금의 물기도 없는 팍팍한 사람이 되어버렸다.

꿈이 밥 먹여주냐? 라고 아무렇지도 않게 말하는

나, 꿈을 좇는 친구들을 보면서 안쓰럽게 생각하는 나, 이건 어른이 되어가는 과정이 아니라 재활용도 안 되는 쓰레기가 되어가는 과정인지도 모르겠다.

드림카

　　　　요즘 최대 관심사는 자동차를 사는 것
이다. 그저 차를 한 대 갖고 싶다는 마음 밖에는 없
다. 애인도 남편도 다 필요 없다. 나에게는 오직 자
동차, 그뿐이다. 하지만 굳이 사야 할 이유는 없다.
그러니까 말하자면 필요하지 않은데 갈망하고 있다.
우리 가족이 모두 반대하고 나섰다. "자동차 구매 절
대 반대!" 아아 왜 우리 사이를 이렇게까지 반대하나
요. 나는 격렬히 원하는데요.

자동차 면허를 3년 전에 따고 나서 단 한번도 운전대를 잡은 적이 없다. 브레이크와 엑셀이 헷갈린다. 교통신호도 헷갈린다. 지금 내가 가지고 있는 교통 지식이라고는 횡단보도에서 신호등 보는 수준.

그럼에도 불구하고 자동차에 대한 갈망이 너무 커서 더 이상 견딜 수 없는 수준에 이르렀다. 견딜 수 없다면? 해야지. 그래서 자동차 구매를 알아보기 시작했다. 어? 그런데 이 비현실적인 숫자는 뭐지? 황당하기 그지없는 숫자들의 향연은 불타오르는 열정에 찬물을 확 끼얹었다. 나의 타오르는 욕망은 이 숫자들 앞에서 황망히 꺾여 버리고야 말았다. 나의 일년 치 연봉을 다 갖다 부어도 자동차 한 대를 유지하기가 어렵다.

그래서 결국 나는 티머니를 충전해 143 버스에

몸을 맡겼다. 무려 하차 후 30분 안에는 추가 비용 없이 지하철을 갈아탈 수도 있다. 여름에는 에어컨이 빵빵하고 겨울에는 히터가 빵빵한 멋진 서울 버스! 겨우 횡단보도 건너는 수준의 교통 지식으로도 어디나 다닐 수 있으니 이로써 충분하다.

오늘도 이렇게 나를 위로하며, 나의 드림카는 서울 버스, 서울 메트로…

비

가끔 시간을 따로 내어서 그간 쓴 글을
쭉 읽어볼 때가 있다. 나름 재미있다. 줏대 없고, 찌
질하고, 지나치게 감정적이고 대부분 오만하며, 비
루하기 짝이 없는 글 모음집. 어떤 상황에서 어떤 마
음으로 열심히 키보드를 두드렸는지 그때 그 시공
간이 다시금 떠오르면서 자연스럽게 그 자리로 돌
아가 있다.

예전에 짝사랑하던 사람이 있었다. 그 사람에 대

한 감정이 이런 문장으로 쓰여있었다. '이상하리만큼 이상한 감정'. 그런데 나는 여전히 그 사람을 다시 만날 때마다 이상하리만큼 이상한 감정에 빠져버린다. 과거 짝사랑이라고 생각했는데 여전히 내 마음 속에 그 사람을 좋아하는 마음이 남아있다.

그는 마치 '비' 같다. 비는 갑자기 오고 갑자기 그친다. 일기 예보를 잘 보는 편이 아니라 더 그렇게 느끼는지도 모르겠지만 비는 예기치 못한 순간에 찾아온다. 비는 존재감이 있다. 비가 오면 괜히 울적해지고, 괜히 막걸리에 파전이나 먹을까 싶은 기분에 빠지게 만들었다가, 가끔은 약속을 취소하게도 만들고, 잘 걸어가던 사람을 종종걸음치게 만든다. 제일 별로라고 생각하는 건, 햇빛이 쨍쨍하다가 갑자기 비가 내려서 홀딱 젖어버리는 것이다. 하지만 비가 정말 무서운 이유는 '예측이 불가능하다는 점' 일기

예보 시스템 자체를 바보로 만들어버리는, 즉 이성을 넘어서는 비의 존재감. 나는 '비'가 무섭다.

정희성 시인이 쓴 글을 물끄러미 들여다봤다. 「한 그리움이 다른 그리움에게」라는 시의 한 구절처럼 그에게 말하고 싶다. "어느 날 당신과 내가 만나 하나의 꿈을 엮을 수만 있다면" 하지만 나는 차마 이 말을 그에게 하지 못하고 여전히 비를 무서워하며 그저 이 비가 그치기만을 하염없이 기다리고 있다.

요즘 미술관 방문기

　　모아둔 휴가를 며칠간 사용하면서 긴 휴식을 갖는 중이다. 그래서 오랜만에 좋은 작품을 보고, 좋은 커피를 마시고 싶었다. 그래서 한남동에 있는 한 미술관을 찾았다. 요즘 유행하는 전시라 꼭 한번 가보고 싶었다. 지인들도 괜찮다며 추천했고, 전시 소개 포스터도 깔끔하니 마음에 들었다. 버스를 타고 자주 지나다니는 한남동이지만, 골목까지 깊이 들어가 본 적은 없어서 괜히 더 설렜다.

그런데 이 전시, 결론만 말하자면 예술이 부재한다. 전시를 관통하는 메시지를 열심히 찾아보려 애를 썼지만, 헛수고였다. 허영을 채우기 위한 화려한 볼거리만 있을 뿐, 예술과 철학은 없다.

마음껏 사진을 찍어 해시태그를 올릴 수 있는 전시장의 분위기, 요즘 시대의 새로운 전시 트렌드로 받아들이고 싶지만, 이런 분위기에서는 전혀 작품을 감상할 수가 없다. 정말 놀라운 것은 작품 중간중간에 스태프들이 서서 "사진을 촬영해 소셜 미디어에 업로드하면 추첨을 통해 선물을 드립니다"라고 큰 목소리로 외치고 있었다. 더 놀라운 것은 스태프들 끼리도 시시덕거리며 서로 썸을 타는 듯한 제스처를 취하고 있는데, 질투가 나서 그런 게 아니라. 아니, 정말로 이건 좀 아니지 않나 싶었다. 이 와중에 도슨트가 마련되어 있었는데, 도슨트? 이런 전시에 도슨트가 필요하다고? 아니지. 도슨트를 고용한 전시라면 적어도 이렇게 운영해서는 안 된다.

스태프들이 나서서 관객들 사진을 찍어준다. 어머 여기는 정말 사진 잘 나와요. 인증샷 찍어야 해요. 찰칵찰칵 찰칵찰칵 찰칵찰칵! 처음 전시실에 입장할 때 셔터음이 작품 중 일부라고 생각했다. 알고 보니 실제로 미친 듯이 사진을 찍어대는 사람들의 휴대폰에서 울리는 소리였다.

아 정말 조잡한 최악의 전시. 작품을 논하기 전에 이 전시를 기획하고 홍보한 사람들의 의도가 궁금해졌다. 예술이라는 포장지를 선택했다면 적어도 기본적으로 작품을 감상할 수 있는 환경은 만들어 줘야 하지 않나? 우리는 문화를 만듭니다, 라는 캠페인을 하면서 똑같은 프랜차이즈를 찍어내는 대기업의 문화적 횡포가 여기에서 정점을 찍은 느낌이 들었다.

어쩌면 이 전시를 선택한 내가 바보다. 오늘 자 신문 문화면에 소개된 이번 전시에 대한 기사를 보니, 해당 미술관은 셀카를 찍으면 잘 나오는 곳으로 유명한… 이라는 소개 글이 있다. 아이참 나도 무슨 생각으로 여기까지 찾아간 걸까. 아니면 애초에 나도 셀카봉 들고 가벼운 마음으로 가서 소셜 미디어 이벤트에 참여하면서 즐겼다면 좋았을 것이다. 그러니까 내가 번지수를 잘못 찾았다. 문화예술로 교양을 쌓아보고자 했던 나의 귀중한 휴가는 이렇게 아쉽게 막을 내렸다.

진정한 의미의 휴식

주 40시간 이상 근무하는 풀타임 근로자가 되면 알게 된다. 연차로 주어지는 하루라는 휴가가 얼마나 소중한 것인지. 온전한 히루가 오롯이 내 것이라는 사실이 이토록 새롭고 감격스럽다. 다리에 이불을 돌돌 말고 일분일초를 천천히 맛본다. 이렇게 시간이 달았나? 그동안 왜 이 맛을 모르고 살았나.

알록달록한 꿈을 비몽사몽간에 꾸면서 늘어지

게 낮잠을 자고, 연예인의 시시콜콜 사는 얘기 들으면서 혼자 낄낄거린다. 정말 오랜만에 동네 스타벅스에 가서 치즈 케이크에 아이스 커피를 홀짝이며 도스토예프스키의 『백야』를 읽었다. 오랜만의 독서에 약간의 현기증이 왔지만 그래도 좋았다. 아 휴가, 너무 좋다.

하지만 진정으로 쉬려면 내 머리를 가득 채운 '생각' 자체를 멈춰야 한다. "내일 출근해서 밀린 일 어떻게 처리하면 좋을까?" "오늘 저녁은 몇 시에 먹을까?" 그러니까 이런 시시한 생각으로부터 자유로워야 진정한 휴식이다. 그러니까 오늘은 여기까지. 끝.

똥물 뒤집어쓰고 앉아 있네

오아시스의 리마스터링 앨범을 들으며 커피 한잔을 마시고 있다. What is the matter with you? 무슨 일이냐고 물어보는 가사가 귀를 파고들어 온다. 요즘은 나를 제외한 모든 사람이 자유로워 보인다. '자유분방한 사람' 하면 늘 나 자신을 떠올렸는데, 요즘은 그렇지가 않다. 두 다리와 두 팔이 꽁꽁 묶여 있는 기분이다. 내가 가장 좋아하는 드라마를 하나 꼽으라면 〈왕좌의 게임〉을 들 수 있는데, 〈왕좌의 게임〉은 스타크 가문과 라니스터 가문의 전쟁으로 시작된다. 스타크 가문에 인질로 잡혀 있는 제이미 라이스터, 그러니까 허구한 날 똥물 뒤집어쓰고 앉아 있는 제이미를 보고 있자면, 나 자신이 떠오른다.

팔다리 꽁꽁 묶인 사람처럼 뭐가 그렇게 답답한지 물어보면 딱히 답을 하기도 애매하다. 그러니까 지금의 삶은, 모두 나의 선택에 의한 것이기 때문이다. 직장도 있고 남자친구도 있다. 재택근무를 하기 때문에 내 성향에도 잘 맞고, 남자친구와의 관계도 안정적이다. 그러니까 웬지 모르게 답답한 이유는 환경에서 찾을 게 아니라 나 자신으로부터 찾아야 한다.

오랜 기간 글을 쓰지 않았다. 왜냐하면 최근 2년간 직장인으로 살면서 비슷한 패턴으로 살았기 때문이다. 그러다 보니 할 얘기가 없어졌다. 미친 여자처럼 무작정 호주로 배낭여행을 떠났을 때, 그리고 대뜸 워킹 홀리데이 비자를 받아 또 떠났을 때, 바이런 베이에서 유스호스텔 방을 구걸하며 돌아다녔을 때, 그러니까 그렇게 자유롭게 살던 때, 그 모든 때가 다 과거의 일이 되어버렸다.

남들과는 다르게 살고 싶다고 생각했는데, 남들과 똑같은 삶을 살고 있다. 평범하게 회사 다니고, 평범한 남자친구 사귀고, 평범한 일상을 보내고, 평범한 주말을 보내고.

그런데 나는 이런 평범한 삶이 똥물 뒤집어쓰고 앉아 있는 제이미 라니스터 같이 답답하기 짝이 없는 삶이라고 생각한다. 너무도 지긋지긋하다.

남들과는 다르게 살고 싶다고 생각했는데,
남들과 똑같은 삶을 살고 있다.

양파깡 감성

밤 열두 시가 다 되어가는데 너무 배가 고파서 양파깡 하나를 집어 들었다. 와작와작 한 봉지를 다 먹어 치웠다. 그리고 문득 정신을 차려보니 양파깡 봉지에 적힌 메시지가 눈에 들어온다. '맛있는 양파~' 작은 글씨로 부끄러운 듯 속삭이는 '맛있는 양파 그리고 물결 표시' 홀린 듯 넋을 놓고 그 문구를 바라보았다.

밤늦은 시간에는 아무것도 먹으면 안 된다는 금

기를 깨고 과자 한 봉지를 다 먹었을 때, '맛있는 양파~'라는 그 한마디 덕분에 죄책감 없는 완전한 행복을 맛보았다. 무심코 양파깡 봉지의 뒷면을 넘겼을 때, 그제서야 나는 깨달았다. 양파깡의 성별은 여성, 그리고 까도 까도 매력이 있는 까도녀라는 사실을 말이다(내가 오바하는 게 아니고 정말 그렇게 쓰여있음).

그렇다! 농심 마케팅팀은 알고 있었던 것이다. 양파깡의 순수하고도 온전한 그 맛, 그리고 한 봉지를 다 비웠을 때 입안에 감도는 약간의 짠 기운은 단순히 짠 맛이 아니라 마음 한구석에 있는 어딘가를 저릿하게 자극하는 맛이라는 사실을 말이다. 그래서 다 먹고 나면, 괜히 아쉬운 마음에 과자 봉투의 구석구석을 천천히 훑어보게 만드는 마성의 양파깡, 아아 양파깡, 까도 까도 매력이 있는 까도녀 양파깡.

양파깡 감성으로 오늘 밤 순수한 기쁨을 만끽하며 잠들 수 있게 되었다. 이 기쁨을 어떤 단어로, 어떤 문장으로 표현할 수 있을까? 아마 어떤 언어를 다 갖다 써도 나의 이 만족감은 그 누구도 이해할 수 없을 것이다.

고양이가 좋아

고양이가 좋다. 귀여운 고양이 동영상을 보는 게 일과가 되었다. 고양이는 손과 발이 참 앙증맞고, 말하듯이 야옹거리는 게 참 사랑스럽다. 그리고 몸이 자유자재로 휘는 게 신기하다. 기분이 좋으면 곁에 다가와 살살거리는 것도 아주 귀엽다. 종종 길에 있는 야생 고양이에게 음식을 갖다주기도 하는데, 비록 가까이 다가가면 도망가는 아이들도 있어 아쉽지만, 그래도 멀리서나마 바라볼 수 있어서 감사하다.

고양이가 언제부터 이렇게 친근한 동물이 되었는지 모르겠다. 예전에는 고양이가 좀 무서웠다. 밤에 고양이 우는 소리를 들으면 괜히 등골이 오싹해지기도 했다. 근데 이제는 마냥 귀엽고 사랑스럽다. 고양이가 좋아. 너무 좋아.

결심과 이별

 남동생이 먼저 장가를 가고, 나이가 서른이 되면 주변 어른들과 가족 그리고 친구들마저 나의 결혼은 언제가 될지 궁금해한다. 이제 내 삶에 있어서 '소식'이라는 단어는 '결혼'으로 치환된 지 오래다. 거기에 오래 사귄 남자친구까지 있으면 남자친구를 포함한 모든 사람이 나의 결정만을 목이 빠져라 기다린다. 문제는 나는 결혼에 대한 욕구가 크게 없는 사람이다.

결혼은 행복을 위함이 아닌 책임을 위함이다. 그래서 책임질 수 있는 나이가 되어 늦게 결혼을 하는 사람들이 많아지는 것이고, 반면 책임을 다하지 못할 것 같으면 결혼을 포기한다. 나는 남자친구의 평생을 책임질 자신도 없을뿐더러 나의 삶을 책임져 달라고 말할 자신도 없다. 이건 상대방의 어떠함이 문제가 아니다. 사실 이 사람은 너무도 믿음직스럽고 책임감이 있는 사람이다.

남들이 다 하는 거라면 나는 굳이 하지 않아도 된다는 생각을 가지고 있다. 남들이 다 하니까 나 하나쯤은 안 해도 된다, 라는 생각. 그러니까 세속적인 기준에 스스로를 끼워 맞추기에는 내 가치관과 나의 기준이 훨씬 더 중요하다. 일단 먼저 결혼식을 떠올려보면 정말로 하기가 싫은데, 스튜디오에서 하는 웨딩촬영은 아무리 생각해도 왜 하는지 모르겠고,

결혼식에 가면 보이는 신랑 측, 신부 측 축의금 테이블도 괜히 거슬린다. 생각하는 이상적인 결혼식을 말하라면, 주민센터에서 둘이 도란도란 작성하는 혼인 신고서, 작은 원룸이라도 단란하게 행복한 삶. 그냥 되게 소박한 삶을 꿈꾼다.

남자친구와는 여러 가지로 공통점이 많지만, 이런 가치관이 완전히 다르다. 서로의 다름을 인정하고 노력하고 긴 시간 대화를 나눴지만 우리 사이의 궁극적인 차이는 결코 좁힐 수 있는 게 아니라는 사실을 깨닫게 되었다. 마치 평행선 같은 것이다. 영원히 만날 수 없는 두 개의 다른 차원에 그어진 선. 그는 나를 설득하기 위해 노력했으나 실패했고, 나는 그를 변화시키고자 노력했으나 실패했다. 우리는 서로 이 실패를 인정하기로 했고, 이별하기로 했다.

3년 간의 관계를 정리하는 과정에서 너무도 힘든 아픔을 겪었다. 하지만 이제는 가뿐해진 마음이다. 나의 가치관을 공유할 수 있는 사람을 만나는 것은 어쩌면 불가능한 일일지도 모른다. 나는 나 같은 사람을 만나고 싶지만 나는 나고, 너는 너니까. 그래서 나는 결혼에 대해 다시 생각해 보기로 했다. 내 삶에 결혼이라는 건 영원히 없을 수도 있고, 혼자 사는 것이 나에게 가장 이상적인 삶의 형태일지도 모르겠다는 것을 말이다. 함께하는 건 정말이지 아름다운 일이지만 그만큼 어렵다.

하지만 남자친구에게는 마지막으로 내 마음을 전하고 싶다. 우리의 여정은 여기까지였으나 그래도 그간 함께할 수 있어 좋았다. 오빠, 참 고마웠어. 말도 안 되게 큰 사랑을 받은 것 같아. 그리고 나 또한 진심으로 사랑했어. 부디 늘 건강히 잘 지내길.

살기 위해 표현한다

어떤 형태로든 나를 표현하는 것은 어쩐지 편하지 않은 일이라 대부분 자기를 표현하려고 하면 헛기침이 먼저 나오며 괜히 민망해진다. 나도 가끔 감정 터지는 글을 쓰고 말도 안 되는 문장을 나열하며 분풀이를 하고는 하는데, 나중에 읽어보면 말마따나 손발이 오그라드는 것은 어찌할 도리가 없다.

하지만 건강한 방법으로 나를 표현하는 것이야

말로 나를 살리는 일이고, 나뿐만 아니라 주변을 살리는 일이라 믿는다. 그래야 불필요한 감정의 찌꺼기를 타인에게 퉤! 하고 뱉어내는 무례함을 조금이나마 줄일 수 있기 때문이다.

잘 만난 한 명의 팀장,
열 동료 안 부럽다

사람이 모이는 곳이면 어디든 문제도 따라다닌다. 종종 신앙 공동체를 통해 건강한 모임을 경험한 적도 있지만, 이런 특수한 경우를 제외하면 문제없이 완벽한 조직은 만나보지 못했다.

나를 비롯해 사회생활을 하는 친구들의 이야기를 들어보면 만족스러운 직장과 조직은 하나도 없고, 모두 관계로부터 비롯된 문제를 하나쯤은 가지고 있다. 그리고 대부분의 문제는 '상사'로부터 시작되는 것 같다. 하지만 나는 감사하게도 인생 상사를 여럿 만났다.

호주에서 만난 매니저 맥스, 1년간 애플 코리아에서 함께했던 박 팀장님, 그리고 항상 멋진 태도로, 나는 너를 돕기 위해 여기에 있다는 것을 매사 강조해 말하던 애플 싱가포르의 양 매니저까지. 이런 사람들을 만나기 전까지는 상사와 나와의 관계를 수직 구조로 이해하고 있었는데, 이분들은 이 관계를 수평으로 인식하게 만들어준 참으로 고마운 사람들이다.

이 사람들의 공통적인 특징은 '내가 보호받고 있다'고 느끼게 해주었다는 점이다. 그들도 갑작스러운 업무 지시를 할 때가 있었고, 안 좋은 피드백을 보낸 적도 있지만, 이것이 나라는 개인에 대한 공격이라고 느껴지지 않았던 이유는 궁극적으로 나는 그들로부터 보호받고 있기 때문이었다. 동시에 이 사람들은 나의 장점을 극대화해서 조직에 보탬이 되도록 만들 줄 아는 사람들이었다. 이것이 그들의 지혜다.

실제 경험 하나를 이야기하고 싶다. 호주에서 만난 애플 리셀러의 매니저 맥스 같은 경우, 면접에서 나에게 이런 질문을 했다. "지금 네가 쓰고 있는 맥북의 스펙을 그래픽 카드 사양까지 포함해서 상세히 나열하라" 겨우 용량 정도만 알고 있는 나에게는 난해한 질문이었다. 그래서 나름의 재치를 발휘해, "제가 모든 스펙을 기억하고 있지는 않지만, 바로 제 아이폰으로 검색해 답변드리겠습니다."라고 말했다. 우리나라에서는 결코 통할 것 같지 않은 접근이었으나 그 자리에서 아이폰을 꺼내기도 전에 합격 통보를 받았다. 나중에 들어보니 세일즈 어시스턴트의 가장 중요한 덕목은 모든 것을 암기하는 것보다도 즉각적으로 상대방의 요구에 반응하는 태도라고 했다. 나는 외국인임에도 불구하고 호주인 고객을 대상으로 즐겁게, 그리고 많이, 제품을 판매했다. 모두 맥스 덕분이었다.

과연 나는 사람을 살리는 리더가 될 수 있을까? 나이가 들수록 더 고집이 세지고, 성격은 까칠해진다. 그간 만난 훌륭한 리더들처럼 나 또한 그런 리더가 되려면 지금부터 무던히 노력해야 할 것이다. 하지만 아직은 그 자리까지 올라가는 데 긴 시간이 필요할 예정이므로 꽤 오랜 시간 입을 다물고 말을 잘 들으며 조직에 충성해야 할 것이다.

당신들과 일할 수 없다

좋은 조건에 이직 제안을 받아 직장을 옮기게 되었다. 가장 마음에 들었던 부분은 연봉 인상인데, 정말 솔깃한 숫자였다. 하지만 3개월을 함께한 결과, 이곳에서는 더 이상 일하지 않기로 결심했다. 정규직과 비정규직을 물과 기름처럼 나눠 놓는 것, 그리고 이게 당연하다고 생각하는 것(인사과에 물어보니 그들을 따로 분류해 관리하는 건 '배려'의 차원이라고 한다. 하지만 모닝커피를 정규직끼리만 마시는 게 과연 배려일까? 모든 회의에서 그들을 배제시키는 게 배려일까? 진심으로 묻고 싶다). 이것 외에도 말할 수 없는 조직 문화.

어째서 개인은 항상 조직에 '선택당하는 존재'여야 하는가를 스스로 질문하며 내 생애 처음으로 조직을 향해 주체적으로 말한다. "나는 당신들과 일할 수 없다."

프로젝트158, 딱 지금처럼만

블로그를 참 오래도록 해왔다. 딱히 누가 시킨 적도 없고, 특정 목적을 가지고 운영한 적도 없다. 정말이지 순수한 취미였다. 블로그에 사진을 올리고 글을 쓰는 것으로 외로움을 달랬고, 웹서핑을 하다가 좋은 정보를 발견하면 재가공해 소개하기도 했다. 그래서 생각도 못 한 잡지사 인터뷰를 한 적도 있고, 패션 블로거 파티에 초대된 적도 있다. 소정의 원고료를 받으며 월간지에 사진과 글을 제공한 적도 있다. 원고가 오고 가는 과정에서 '작가님'이라는 소리를 들었을 때의 기분은 어떤 언어로도 표현이 안 된다. 감격스럽다기보다는 묘한 기분이었다.

한참 많은 사람들이 블로그에 찾아와 본인의 개인적인 이야기를 나눠주기도 하고, 그래서 나는 상담이라고 하기에는 뭣하지만 나름의 상담을 해준 적도 있었다. 일면식도 없는 사람들이지만 이 블로그를 통해 만난 귀한 인연이 새삼스럽게 느껴지며 감사한 마음이 든다.

길에서 받은 볼펜이 눈처럼 소복이 쌓여… 라는 무라카미 하루키의 문장처럼 이 블로그도 눈처럼 소복이 쌓여 여기까지 왔다. 나의 이십 대가 고스란히 여기에 놓여있다.

삼십 대가 된 지금도 여전히 프로젝트158은 진

행 중이다. 프로젝트란 자고로 특별한 목적을 가지고 일정 기간 안에 과업을 해내야 하는데, 나의 프로젝트158은 정해진 기간도 없고, 뚜렷한 목표도 없다. 그냥 나라는 인간이 살아가는 그 자체가 프로젝트158이다.

어릴 때는 괜히 있어 보이는 문장으로, 나를 은근하게 드러내고 싶었다. 삼십 대가 된 지금은 예전보다 힘이 많이 빠졌다. 긍정적인 변화라고 생각한다.

프로젝트158에서 가장 잘 지은 게시판 제목은 〈아직도 진행 중〉인데, 말 그대로 나의 인생은 여전히 진행 중이기 때문이다. 끝날 때까지 끝나지 않기 때문에 그렇다. 소박하고 허름한, 세련된 최신 유행의 느낌보다는 어쩐지 빈티지스러운, 곧게 뻗은 직선과는 달리 삐뚤빼뚤한 느낌의 것.

프로젝트158, 지금처럼만 천천히 소복이 쌓여

가기를.

가방을 팝니다

모든 것은 비닐봉지 한 장으로 시작되었다. 태국 여행을 다녀와서 짐을 정리하다가 발견한 작은 비닐봉지에 쓰인 태국어가 괜히 특별해 보였다. 꼬깃꼬깃 접어 책상 구석에 넣어놓고 아직도 버리지 못하고 있다. 이 이야기를 들은 친구가 이것을 모티브로 해서 뭔가 작업을 해보면 어떻겠냐는 제안을 했고, 나는 덥석 물어버렸다.

이렇게 시작된 북스 천가방 프로젝트. 봉투에 적

힌 타이포그래피를 Books로 다시 그리고 태국인 친구에게 검수를 부탁해 내가 하고 싶은 말, '책은 항상 우리에게 요긴하다'라는 태국어 문구를 적어 넣었다. 상품 제작에는 전혀 문외한인 내가 적당한 업체를 알아보고 가방 사이즈를 재단하고 원단을 고르고 있었다. 10수, 20수, 모두 처음 들어보는 낯선 단어였지만 검색하며 알아가는 모든 과정이 즐거웠다.

디자인을 전공하지도 않았고, 어디 가서 배운 적도 없다. 그저 귀동냥해서 배운 지식을 쥐어짜고 있다. 이런 걸 왜 하는지 물어본다면, "그냥 좋아서요."라는 말밖에는 할 말이 없다. 그냥 좋아서 겁 없이 제품을 만들었고, 어떻게 접근해야 하는지도 모르는데 냅다 만들어버렸다.

감사한 것은 그래도 주변에서 참 많이 좋아해 주

시고, 몇 개씩 구매해 주셨다. 그래서 텀블벅이라는 창작 펀딩 플랫폼에 도전까지 하는, 무모한 일을 저질러 버렸다. 뭐든 잘 모르고 겁이 없으면 할 수 있는 일이다. 창작 생태계에 대한 이해도가 없는 상태로 프로젝트를 시작한 건 아닐까 하는 염려도 든다. 왜냐하면 별다른 홍보 수단을 생각해 본 적이 없기 때문이다.

평균적으로 텀블벅의 첫 프로젝트 성공률은 지인의 도움이 필요하다고 한다. 그런데 나는 이미 지인들의 반응을 보고 텀블벅에 뛰어들었으니 어쩌면 나는 반대로 시작한 건 아닐까? 여기에 더불어 정말 안타까운 것은 내 프로젝트는 텀블벅 메인 페이지에 딱 하루 걸려있었다. 그것도 처음 화면에 보이는 것이 아니라 제일 마지막 카테고리에 말이다. 제품 디자인으로 찾아 들어가 봐도 역시 찾기가 하늘의 별

따기다. 항상 첫 페이지에는 많은 펀딩을 받은 프로젝트가 순서대로 보이기 때문이다. 이 플랫폼 또한 어쩔 수 없는 시장 논리가 있는가보다.

그럼에도 불구하고 순수하게 제품 디자인만 보고 후원해 주신 분들이 계셔서 마음이 두근거린다. 아무리 눈 씻고 찾아봐도 찾기 힘든 이 프로젝트를 어떻게 알아보시고 후원 버튼까지 눌러 주셨을까? 진심으로 감사한 마음이 크다.

지금의 나는 땡전 한 푼 못 버는 실업자 신세이지만, 이 비닐봉지 한 장이 내 마음을 흔든 것처럼, 내가 만든 천가방도 누군가의 마음을 흔들 수 있으면 좋겠다. 그래서 꾸준히 의미 있는 작업을 할 수 있도록, 이 불쌍한 독립 창작자를 누군가 도와주면 좋겠다. 그리고 지금 내가 하는 모든 기록이 나중에 돌

이켜보면 의미 있는 발자취가 되었으면 좋겠다. 그
림을 그리고 글을 쓰고 사진을 찍는 작가 수수진의
성장 일기로 읽히는 좋은 기록이 되었으면 좋겠다.

부스러기,
그의 향기를 드러내는

그림을 그리기 시작하면서 인스타그램을 통해 알게 된 작가들이 있다. 그들의 그림을 보다 보면 "#오예그림"이라는 해시태그를 볼 수 있는데, "Only Jesus, 오직 예수"의 줄임말이라는 것을 최근에 알게 되었다. 평소에 존경하던 일러스트레이터 곽명주님도 "#오예그림"을 그리는 분이라 새삼 놀라기도 했고, 그래서 더 좋아졌다. 십자가와 수염에 빨간색 띠를 두른 예수 캐릭터를 그리지 않아도 몇 개의 색과 선만으로 예수님을 찬양하는 그림을 그리며 표현하고 있었다.

괜히 공공연한 자리에서 크리스천이라고 말하며 전도행위를 하는 게 부끄러워 나의 신앙을 세상에 당당히 드러내지 못했다. 하지만 예수님의 사랑이 늘 기본값으로 내 삶에 잔잔히 흐르는 것처럼 나도 잔잔히 예수님의 사랑을 표현할 수 있겠다는 용기가 생겼다.

오늘은 충무로에 포스터를 출력하러 가는 길이었다. 지하철역을 향해 걷다가 문득, 평소에 가보고 싶었던 오금역 크럼브 카페가 떠올랐다. 충무로와 오금역은 완전히 반대 방향이라 먼저 오는 지하철을 따라가기로 했다. 충무로 행 열차가 오면 충무로로, 오금행 열차가 오면 오금역으로. 지하철에 나의 방향을 맡겼고, 플랫폼에 발이 닿자마자 오금행 열차문이 열렸다. 그렇게 크럼프 카페에 도착해 자리를 잡고 앉아 치즈 케이크와 아이스 아메리카노를 마시며 글을 쓰고 있다.

빵 부스러기라는 뜻의 크럼브, 이름대로 디저트가 유명하고 수많은 인스타그래머들의 총애를 받는 곳이다. 이곳의 치즈 케이크는 녹는다는 말이 어울릴 정도로 정말 부드럽고, 커피 맛도 매우 훌륭하다. 뉴욕에서 많은 치즈 케이크를 먹어봤지만 서울, 오금동에서 먹은 치즈 케이크가 가장 맛있다고 할 수 있을 정도다. 하지만 치즈 케이크보다 나를 더 감동시킨 것은 크럼브, 빵 부스러기라는 카페 이름이 실제로 마태복음 15장 27절에 나온 그 부스러기라는 사실이다. 카페 입구와 명함 겸 스티커에 마태복음 15장 27절의 구절이 쓰여있다.

여자가 가로되 주여 옳소이다마는 개들도 주인의 상에서 떨어지는 부스러기(*Crumbs*)를 먹나이다 하니(*마태복음 15장 27절*).

교회학교 출신인 나는 이 구절의 의미를 여러 차례 배웠다. 이방 여인의 믿음에 대한 유명한 성경 구절인데, 이 구절을 여기에서 만날 줄은 몰랐다. 이 카페는 오금동 한 구석에서 조용히 복음을 말하고 있었다. 어느 하나 버릴 것 없이 구석구석 세련된 모습으로 말이다.

프로젝트158도 이런 모습으로 복음을 말하고 싶다. 잔잔히 그리고 꾸준히. 우연한 공간에서 만난 이 향기가 좋아서 오늘 하루 정말 충만한 기분이 든다. 정말 감사한 날이다.

관심 먹고 살아요

프로젝트158을 통해 꼭 하고 싶은 것들이 몇 가지 있다. 첫 번째는 내가 그린 그림으로 상품을 제작해서 유통하는 것이고, 두 번째는 블로그에 쓴 기록을 책으로 엮어 출판하는 것, 그리고 마지막으로는 단편 소설을 쓰는 것이다.

첫 번째 목표를 위해 시작한 텀블벅 프로젝트는 기대 이상의 사랑을 받아 120 퍼센트 초과 달성을 이뤘고, 이 모든 게 주변 사람들의 관심과 사랑

덕분이었다. 관심과 사랑을 먹고 산다는 연예인의 말이 실감 나는 순간이었다. 누군가의 관심이 없이는 홀로서기가 불가능하다. 옆에서 자기 일처럼 조언해 주는 친구 승현, 꾸준한 응원과 사랑을 부어주는 충, 그리고 뭘 해도 후원해 주고 응원해 주는 친구 홍언니, 외국에 살면서도 늘 지켜봐 주는 나의 은, 그리고 사랑하는 나의 가족들, 이 프로젝트를 운영하면서 내가 얼마나 사랑받는 사람인지 새삼 깨닫게 되었다.

습작 금지

내 것을 유통하기 쉬운 세상이 되면서 그만큼 지적재산권의 개념도 중요해지는 것이 사실이다. 하지만 중요한 것과는 별개로 어려운 개념이다. 가끔 습작한 작품을 인스타그램에 업로드하는데, 습작이라는 표시를 잊지 않고 남긴다.

어떤 작가들을 보니 자신의 작품을 습작하지 못하도록 습작까지도 금지해 놓았다. 습작 금지라는 경고성 글을 보면서 그만큼 작가에게 저작권이란 생명과도 같은 일이라는 사실을 배운다.

　나도 언젠가는 습작 금지라는 말을 쓸 날이 오려나? 하지만 아직은 그 누구도 나의 작품을 보아주는 사람이 없어서 그럴 일은 없을 것 같다. 오히려 사람들이 따라 해 준다면 정말 감사할 것이다.

항상 불안한 나는야 서른 살

무턱대고 앞만 보고 달렸다. 직장을 그
만두고 쉴 수 있는데도 쉬지 않고 어딘가를 향해 열
심히 달렸다. 직장을 그만둔 시점부터 지금까지 누
가 뭐라든 남의 시선을 신경 쓸 틈도 없이 그냥 냅다
달려온 것 같다. 인스타그램에 그림을 올리기 시작
하면서 일면식도 없는 사람들에게 "좋아요"와 응원
을 많이 받았는데, 그러면서 스스로 대단한 사람이
된 것 같다는 착각도 했다. 비록 나는 직장인으로서
실패했으나 다른 어딘가에서는 인정받는 것 같아서

좋았다. 어쩌면 패배감으로부터 벗어나기 위해 이렇게 열심히 살았는지도 모른다.

"시간이 맡은 몫을 톡톡히 하는구나."

회사를 나오면서 받은 상처, 이후 다시 회사에 들어가고자 노력했으나 번번이 실패해 내면 깊이 쌓인 좌절감. 그래도 시간이 흐르면서 점점 괜찮아지는 것 같아 다행이지만 그럼에도 근본을 알 수 없는 불안감이 아예 없어진 것은 아니다.

중학생 때부터 화실에 다니며 미술 공부를 하다가 미대 입시를 코앞에 둔 직전에 포기했다. 10대 때 벌어진 포기와 실패라는 기억으로부터 자유롭지 못하다. 그런데 왜 30대가 된 지금 다시 그림을 그리겠다고 설치고 있는 걸까? 직장인 시절 데이터 분석을 기반으로 한 기획이랄지, 쏟아지는 영문 줄임말 또한 도통 무슨 말인지를 모르겠고, 그러니까 그냥 이 모든 게 너무 어렵고 버거워서 회피한 것은 아닐까. 미술 공부를 접었을 때처럼 나는 또다시 포기하고 회피한 건 아닐까.

부모님께 미대 입시를 포기하겠다고 말씀드렸던 순간이 아직도 생생하게 기억난다. 돌이켜보면 직장을 그만둘 때도 비슷하지 않았나? 뒤처진 기분, 한없이 뒤처진 패배자의 기분을 제대로 대면할 용기가 없어서 제 발로 걸어 나오며 온갖 잡다한 수식어를 끌어다가 나의 실패를 정당화했을지도 모른다.

"나는 실패한 인간이다."

매사 조금만 힘들면 다 포기해 버렸고, 그러면

서도 나의 자발적인 선택이라며 기만했고, 스스로의 기분을 맞춰주는 게 너무 중요해서 오로지 자기를 챙기는 데 모든 에너지를 다 썼다. 하지만 이제는 더 이상 포기해서도 안 되고 포기할 수도 없다. 포기라는 카드는 이미 내 인생에서 다 써버렸다.

태어난 지 만으로 30년이 되는 날, 다시 한번 내 삶을 되돌아본다. 그리고 깊이 후회한다. 앞으로도 후회할 일은 많겠지만, 그 후회의 폭을 줄여가기 위해 이 글을 남긴다. 내년 생일에는 죽이 되든 밥이 되든 적어도 포기했다는 소리는 하지 말자. 포기하지 마. 수진아, 제발 포기하지 마.

별책부록

<목 늘어난 티셔츠를 입고 쓴 글>

단정한 나만의 세계

중학생 때부터 나는 스스로 고립을 택했다. 물론 겉으로는 잘 지냈지만, 군이 왜 누군가와 가까이 지내야 하는지 도저히 이해하지 못했다. 선생님이 따로 불러서 물어보셨다. 왜 이렇게 친구가 없냐고. 잘 모르겠다고 답했다. 친한 친구가 없어도 학교생활에 딱히 지장은 없었다. 한번은 여름에 입는 교복 치마를 도둑맞은 일이 있었는데(체육 시간 마치고 돌아오니 치마가 없어졌다), 그래서 여름에 겨울용 교복 치마를 입고 다녔다. 엄마가 교복 치마를 다시 사준다고 했지만, 굳이 그럴 필요 없다고 느꼈다. 덥지 않냐고 물어보는 애들에게 괜찮다고 말했다. 나는 정말로 괜찮았다. 하지만 그 모습이 이상했는지 학교에서 수군수군 말이 나왔다. 쟤는 왜 여름에 혼자 동복을 입고 다니냐, 하도 말이 나오니 나중에는 교복을 훔쳐 갔던 일진 무리 중 한 명이 나를 찾아와 조용히 교복을 돌려주었다. 그래서 다시 여름 교복을 입고 학교에 다녔다.

교복을 도둑맞으면 도둑맞은 채로 누가 보든지 말든지 나에 대해서 이야기하든지 말든지 전혀 상관하지 않았다. 나는 오직 내가 만든 세상 안에 살았다. 자기들끼리 연애를 하고, 무리를 지어 까부는 모습을 아주 멀리서 지켜보면서 저들과는 도저히 함께할 수 없겠다 생각했다. 이곳은 내가 속한 곳이 아니었다. 대부분의 시간 판타지 소설을 읽었고, 언젠가 나에게도 호그와트 입학 허가서가 오면 좋겠다는 상상을 하며 매일 밤을 보냈다.

지금도 여전히 판타지에 파묻혀 이 물질세계는 내가 속한 곳이 아니라는 상상을 한다. 영원히 두 발을 땅에 붙이고 싶지 않다는 생각을 하며 내 세상의 벽에 벽돌 한 개를 더 쌓는 것이 일상이 되었다. 이 안은 너무도 안전하고 평온해서 평생 여기서 살 수 있는 방법이 무엇인지 고민하는데 대부분의 시간을 보낸다. 단단하고, 조용하며, 어떤 생각을 해도 뭐든지 받아들여지는 무한한 공감의 세계. 딱 나와 내가 존재하는 단정한 나의 세계. 이 세계를 오롯이 존중하는 소수의 사람들과만 관계를 맺으며 안전하게 살아가는 지금이 좋다.

하지만 최근에 이런 말을 들었다 "너는 너만의

세계에서 나올 필요가 있어." 알고 지낸 지 겨우 5개
월밖에 안 된 사람에게 들을 말은 아닌 것 같은데, 라
는 생각을 했다. 이 세계를 만드는 데 내 평생을 바쳤
다는 사실을 그 아이가 알 리가 없고, 알 수도 없다.

잘 살고 싶어서 그런 거예요

신의 존재를 갈망하는 사람들의 마음 속에는 '더 좋은 것에 대한 소망'이 깃들어 있다. 이 세상보다 더 좋은 세상이 분명히 존재한다는 믿음, 바로 그러한 믿음과 소망. 더 좋은 세상이라는 말을 간단히 유토피아라고 한다면, 유토피아란 죽음 이후 천국이라는 형태로 존재할 수도 있고, 때로는 수차 례 윤회를 반복한 결과로써 주어지는 것일 수도 있 다. 어쨌든 지금보다는 나은 삶의 존재를 믿으며, 그 걸 주관하는 신적인 존재(들)를 바라고, 믿고 의지하는 것이 신앙이다.

이 세상에는 다양한 종교가 있고 그 다양성만큼이나 다채로운 신앙의 형태가 있다. 그걸 쉽게 신앙생활이라 부른다. 모두의 지문이 다른 것처럼 각자의 신앙생활도 제각각이다. 하지만 모든 신앙인이 가진 하나의 공통점은, '잘 살고 싶은 마음'이다. 집이며 가게며 구석구석 불상을 세워놓든, 형편이 나아지길 바라며 매일 새벽마다 교회를 찾든, 세계를 구원하고자 선교를 떠나든, 어떤 행위로 발현이 되든 - 어떤 주어와 목적어가 그 자리에 있든지 간에 - 잘 살고 싶어서 신앙을 갖고, 신앙생활을 한다.

신앙, 그리고 신앙생활, 그 자체만 봤을 때는 유해한 의도가 없다. 더 나은 삶(세계)을 추구하며, 잘 살고 싶은 마음을 품는 것은 가장 순수한 형태의 욕구이자 삶을 적극적으로 사랑하는 방식이니까. 하지만 동시에 그래서 서글퍼진다. 그냥 잘 살고 싶은 마음이었을 뿐인데, 딱 그것뿐이었는데, 귀에 달게 들리고, 눈에 멋져 보이는 유사 종교에 빠지기도 하니 말이다. 종교가 아닌 것, 그러니까 종교 행세를 하고 있는 것에 몸과 마음을 빼앗긴 사람들이 너무도 많다.

넷플릭스 〈나는 신이다〉 다큐멘터리를 보고 나서 참 오래도록 충격이 가시지 않는다. 그들이 추앙하는 대표의 추악함은 둘째치고, 그들이 보이는 단단한 결속력, 그 결속력에서 오는 막강한 재력. 종교의 탈을 쓴 끊임없는 착취가 버젓이, 당당하게 우리 곁에 존재하고 있다. 이단이라는 말을 쓰는 것이 조심스럽다. 종교 개혁을 통해 탄생한 개신교도 과거 기득권의 비판에서 자유롭지 못했으니, 지금의 이단

또한 교회라는 기득권으로부터 그들의 신앙을 지키고 있다 생각할지도 모르기 때문이다. 그래서 나는 이단이라는 말보다 유사 종교라는 말을 쓰고 싶다. 다시 한번 말하지만, 그들의 종교는 종교의 탈을 쓴 착취이지, 종교가 아니다.

모든 문화를 존중하라고 배웠지만, 이 세상에는 '악한 사람'이 너무도 많다. 누군가를 착취해 자신의 욕심을 채우는, 살인도 마다하지 않는 '악'이 존재하기 때문에 모든 문화와 모든 삶의 형태를 존중할 수는 없다. 어떤 기준으로 존중할 것과 그렇지 않을 것을 가려낼 수 있는지 묻는다면, '선'이 기준이다. 생명을 생명으로 인정하고 존중하는 것이 '선'이다. 죽음이 아닌 생명을 향한 방향에 서 있는 것, 당연한 죽음과 희생은 없다고 믿는 것, 공의와 선을 기준 삼아 존중과 착취를 구별할 수 있고, 종교와 유사 종교를 분별할 수 있으며, 선한 목자와 악한 목자를 파악할 수 있다. 어쩌면 너무도 당연한 것이 괜히 어려운 게 되어버린 건 아닌가 하는 생각이 든다.

유사 종교에 빠진 사람들을 불쌍히 여기거나 비난할 생각은 없다. 하지만 존중할 생각도 없다. 수많은 소녀를 교주에게 바치고서도 나 몰라라 하는 사람들, 버젓이 '사실'이 눈앞에 있는데도 체면 때문에 현실을 인정하지 않는 사람들, 기꺼이 누군가의 죽음에 몽둥이를 들고 앞장선 사람들, 이웃보다 한 푼이라도 더 내서 좋은 자리를 차지하려는 사람들, 결국 자기만 잘 살고자 이웃을 기꺼이 희생 제물로 바친 사람들.

너 자신을 사랑하는 것같이 너의 이웃을 사랑하라. 식상한 말로 들리는 이 문장이 결국에는 모든 것이다. 오래도록 종교를 갖고 살았어도 제대로 실천하지 못하고 있다. 단 한 번도 나는 나 자신만큼 내 이웃을 사랑하지 못했다. 그래도 이웃을 죽이지는 않았잖아요, 라고 하기에는 그들의 신앙에 깃든 욕구와 나의 욕구가 같은 형태를 띠고 있는 것 같아 두려운 마음이 든다. 누군가를 비판하고 있지만 동시에 나 자신에 대한 비판이다. 나 한 몸 잘 살기 위해 얼마나 많은 것에 눈을 감고 코를 막고 귀를 막고 있는가. 모든 감각이 둔해져서 결국에는 그 무엇에도 반응하지 못하는 사람이 될까 두렵다. 잘 살고 싶어서 하는 일이 누군가를 착취하는 일이 되지 않아야 할 텐데, 나 자신을 조금 덜 사랑하면 내 이웃을 사랑하는 것이 조금 쉬워질지도 모른다는 생각이 드는 요즘이다.

내 안에 있는 패배자에게

　　　　　시간의 주기율표에 따라 나이를 먹는
다. 나이라는 게 별거 아닌 것처럼 느껴지던 시절도
있었던 것 같은데, 두피에 자주 등장하는 선명한 흰
머리카락은 내가 절대적인 시간의 영향 아래 존재하
고 있음을 드러낸다. 시간이 자신의 존재감을 현현
히 보이기 시작할 때, 인간은 조금씩 나약해진다. 연
말인 데다, 나이 먹는 거 생각만 해도 가뜩이나 서
글퍼지는데, 우울한 얘기하려면 애초에 집어치우는
게 나을지도 모르겠다. 하지만 오늘 내가 하고자 하

는 이야기는 꼭 그런 것만은 아니다. 서글프고 피곤하고 사람을 지치게 하는, 나약함에 대하여 말할 것이지만, 동시에 나약함이, 혹은 결핍이 나를 나로서 아름답게 만드는 일종의 역설에 대해 말하고 싶다.

내가 처음으로 인생 앞에 무력감을 느꼈던 순간은 어린 시절로 거슬러 올라간다. 친구들이 책상 앞에 줄을 서서 그림을 그려달라고 할 정도로 그림쟁이로 인기를 누리던 시절이 있었다. 친구들이 건네준 공책 한 면에 네모난 얼굴을 그리고 다양한 스타일링을 추가해 건네주면 그렇게 좋아할 수가 없었다. 가끔은 필통이나 문구류에 이름을 써달라는 친구도 있었다. 나는 늘 글씨는 쓰는 것이 아니라 그리는 것이라 생각했기 때문에, 친구들의 이름도 예쁘게 그려주면 그것 또한 아이들의 관심과 사랑을 한 몸에 받는 긍정적인 요소로 작용했다. 그러다 보니 늘 장래 희망란에는 '화가'가 적혀있었다. 무형의 재능으로 사람들의 사랑을 받는 것, 그 짜릿함을 진작에 맛본 거다. 창작인이 느끼고 가질 수 있는 (동시에 다소 중독성이 강한) 카타르시스를 그때부터 경험한 거다.

중학생이 되었고 여전히 미술 시간은 즐거웠다. 꽤 다양한 미술 활동을 했던 것이 기억나는데, 두꺼운 도화지를 잘라 치약 상자를 만들어 포스터컬러를 사용해 표지를 그리는 과업이 생각난다. 지금 생각해 보면 그것이 패키징 디자인의 초석이 되는 일인데, 얼마나 재밌었고, 잘했는지 그때 만들었던 치약 상자가 아직도 기억이 난다. 하지만 중학생이 된 이후, 그림은 '미술'이라는 교과목 중 하나로 그저 즐길 수만은 없는 것이 되어버렸다. 성적을 위해 미술 학원에 등록하는 친구들이 하나둘 생겨났다. 미술 학원은 단지 그림을 위한 기술을 익히는 학원이 아니었다. 아이들의 삐뚤빼뚤 미완성된 그림이 학원에만 갔다 오면 다른 사람의 손을 거쳐 아주 근사한 작품으로 바뀌어 있었다. 성적을 잘 받기 위한 엄마들의 각종 치맛바람이 시작된 순간이었다.

우리 엄마는, 그런 엄마들의 경쟁에 단 한 번도 발을 디딘 적이 없다. 초등학생부터 나의 10대 시절 통틀어 우리 엄마는 단 한 번도 '엄마 모임'에 나간 적이 없다. 나중에 왜 그랬는지 물어보니, 그냥 싫었단다. 엄마가 치맛바람 경쟁을 싫어했던 것이 참으로 다양한 형태의 감정과 깨달음을 주었고, 나아가 신념 체계를 만든 것 같다. 중학교 축제 때 학생들의 그림을 몇 작품 뽑아 학교 벽에 전시하는 일이 있었는데, 내 그림 중 여러 장이 뽑혔다. 굉장히 뿌듯했지만, 학교에서는 그 그림을 액자로 만들어 가지고 와야 한다는 새로운 과제를 내주었다. 동네 문방구에서 액자 몇 개 사다가 그림을 끼우면 된다고 단순히 생각할 수도 있는데, 그림 사이즈가 상당히 크다. 그래서 그림 사이즈에 맞는 액자를 제작할 수 있는 업체에 맞춰야 한다. 동네 화방에 물어보니, 액자값도 액자값이지만, 그림을 후가공해야 종이가 울지 않고, 오래도록 보관할 수 있다고 했다. 액자 가격도 너무 비싼데, 후가공비는 더 비싸니, 고민하던 엄마는 그림 중 하나만 골라서 액자를 제작하고, 종이가 좀 울기는 해도, 그림을 보는 데 큰 지장은 없으니 후가공 없이 하는 걸로 결정을 했다. 학교에 가져갔는데, 다른 친구들은 모두 후가공해서 아주 깔끔하게 액자를 만들어 왔다. 그것도 여러 개를. 초라하고 어설픈 내 그림 액자 하나는 바닥에 놓였다. 인생에서 겪은 첫 무력감은 이렇게 나의 그림과 함께 시작되었다.

누구의 도움도 받지 않은 그 그림은 참으로 나였다. 나 그 자체였다. 하지만 나 자체로는 부족했다. 그림만 잘 그리면 되는 게 아니라 맞춤 액자를 할 수 있는 뒷받침이 필요했던 거다. 우리 엄마도 나름의 노력을 했지만, 우리는 그때 많이 가난했었고, 아니, IMF 시기를 겪고 난 우리는 모두가 가난했었고, 그래서 액자도 스스로 맞춰야지만 학교에 그림을 전시할 수 있는 그런 시절이었다. 나는 그림에 자신이 있었고, 좋아했기에 더욱 인정받고 싶었다. 바닥에 덩그러니 놓이는 게 아니라, 가장 중요하고 높은 곳에 내 그림을 걸고 싶었다. 하지만 실패했다. 내가 원하는 건 '경쟁'을 해야만 얻어낼 수 있는 것이라는 걸 깨달았고, 경쟁은 실력으로만 혹은 노력만으로는 되는 게 아니라는 걸 동시에 알아버렸다. 그 당시 느꼈던 좌절과 슬픔은 매우 이질적인 것이었지만, 참으로 오래도록 내 안에 머물러 함께 숨 쉬며 살아간다.

살다 보니, 중학생 때 그린 그림뿐만 아니라, 인생의 모든 면에서 경쟁해 이길 수 있는 건 아무것도 없다. 인생에 수많은 자잘한 실패와 좌절을 겪으며 최대한 경쟁을 피할 수 있는 자리에 겨우 숨죽여 있다 보니, 혹은 경쟁에서 지는 방향을 골라 택하다 보니 결국에는 패배자의 위치에 서 있다. 인생 앞에 엄청난 무력감을 안은 채로. 당연한 결과다. 이것이 내가 가진 패배 의식이다. 패배 의식은 나를 더욱 바닥으로 이끌고, 더욱 나약한 인간으로 만든다. 답답한 마음에 스스로에게 묻는다. 왜 꼭 높은 위치에 그림을 올려야 하지? 바닥에 놓여 있는 그림이라도 내가 그렸고, 내가 사랑하니, 그걸로 된 거 아닌가. 패배했더라도, 경쟁해 본 것, 그리고 그 과정을 통해 긍정적이든 부정적이든 뭔가를 경험한 것만으로 된 거 아닌가. 지금의 나, 작은 바람에도 휘청거리며 흔들리지만 아직 땅에서 뽑히지 않았으니 괜찮은 거 아닌가, 라며 – 스스로에게 묻는다. 패배자의 질문이지만 결국 인생에 진정으로 무엇이 중요한지를 묻는 지극히 궁극적인 질문들.

거대한 삶 앞에서 더욱더 낮아지고 작아지고, 비로소 나약해질 때, 그때 사람은 깨닫는다. 인생이란 원래 이런 거라는 사실을. 그리고 이제서야 진짜 삶이 시작된다. 원하고 바라는 건 점점 줄어들고, 높은 곳에 그림을 올리는 건 사실 그렇게 중요한 게 아니라는 걸 알게 된다. 아침에 눈을 떴을 때, 진심으로 나를 깨워준 존재를 마음 깊이 느끼기 시작할 때, 그러니까 삶이라는 건 내 것이 아니라는 사실을 온몸과 마음을 다해 받아들일 때, 그때 인간은 진정으로 '살기 시작한다'. 그래서 나는 패배자인 스스로에게 진심으로 감사를 표하고 싶다. 내 안에 켜켜이 쌓인 온갖 실패와 좌절, 모든 종류의 거절로부터 나는 인생을 배웠고, 이제서야 진정으로 '산다'. 패배자인 나는 목표도 꿈도 없다. 뭐가 되고 싶은 마음도 없고, 더 잘 살고 싶지도 않다. 그저 오늘 밤 잘 자고 내일 아침 빛 가운데 눈을 뜨고 새로운 하루를 살 수 있으면 그만이다. 어쩌면 그게 나의 목표이자 꿈인지도. 패배자의 인생에는 묘한 안도감 같은 것이 있다. 나는 오늘부터 그걸 평안이라 부르기로 했다.

패배자인 나는 목표도 꿈도 없다.
뭐가 되고 싶은 마음도 없고, 더 잘 살고 싶지도 않다.
그저 오늘 밤 잘 자고 내일 아침 빛 가운데 눈을 뜨고
새로운 하루를 살 수 있으면 그만이다.

어쩌면 그게 나의 목표이자 꿈인지도.
패배자의 인생에는 묘한 안도감 같은 것이 있다.
나는 오늘부터 그걸 평안이라 부르기로 했다.

우아한 위선의 시대는 가고
정직한 야만의 시대가 왔다

이제 좀 솔직해질 필요가 있다. 우아한 위선의 시대는 가고 정직한 야만의 시대가 도래했다는 이문영 교수님의 말처럼(이문영 교수의 말은 세계정세의 변화를 언급한 것이지만), 이제 우아한 위선의 시대는 갔다. 그렇다면 정직한 야만의 시대란 어떤 시대인가. 정직과 야만이라는 두 개의 개념이 어울리지 않는 것처럼 보이기도 하지만 자세히 살펴보면 꼭 그런 것만은 아니다. 야만, 물론 사전적인 정의에서 본다면 미개한 것, 문화 수준이 낮은 것, 혹은 교양이 없는 것이나 무례한 것을 뜻하지만, 실제로 야만적인 것은 본래의 것, 그러니까 인간의 타고난 본성이다.

성악설과 성선설 중 하나를 고르라고 한다면, 나는 단연 '성악설'을 고르겠다. 사랑하는 나의 조카, 눈에 넣어도 안 아플 나의 조카를 보면서 나는 성악설을 더욱 확신하게 되었다. 인간은 죄와 함께 태어난다. 우리 조카를 평가하거나 판단하는 말이 아니고, 사실이 그렇다. 우리 지온이는 부모에게 예의범절을 배우고, 습득해 착한 아이가 되어가고 있지만, 지온이가 타고난 야만성을 드러내며, 예를 들면 가만히 있는 곰 인형을 때리고 깔깔 웃는다거나, 나를 보고 고모는 아가라고 놀린다거나(하지만 나를 놀리는 것마저도 정말 귀엽), 이런 모습을 보일 때면 영락없이 야만적이다. 여기서의 성악설은, 정확하게는 야만스럽다, 무질서하다, 이기적이라는 말에 가깝다.

그래서 인간의 타고난 야만이라는 본성에 '정직' 이라는 개념이 붙는 게 얼마나 강력한 일인지 파악할 필요가 있다. 야만성을 부정하지 않고, 정직하게 있는 그대로 표현하는 것. 우아하게 위선 떨면서 아닌 척하는 게 아니라, 정직하게 야만스러운 것. 거침없는 것, 욕망을 표출하는 것, 응, 이게 나야. 있는 그대로 보여주는 것. 트럼프와 푸틴의 동맹을 통해 각국이 원하는 바를 노골적으로 표현하는 것이 정직한 야만의 시대라 표현했으나, 이것이 비단 세계 정치에만 해당되는 말이 아닌, 지금 우리의 삶을 표현하는 말이라고 생각했다. 연예인분만 아니라 이제는 모든 사람들이 화면을 통해 욕망을 거침없이 말하고 표현한다. 그리고 그 욕망에 더 솔직해질수록 환영

받는다. 왜 그게 뭐 어때서? 이게 나야. 이게 너야. 이게 인간이야. 이게 우리야.

사회진화론이 받아들여졌던 과거야말로 진정한 야만의 시대라고 생각했는데, 지금은 그저 단순한 야만의 시대가 아닌, '정직한' 야만의 시대다. 마음에 거짓이나 꾸밈이 없는 상태, 즉 야만인이라는 사실을 꾸밈없이 거짓 없이 그대로 말하는 새로운 시대.

야만인들은 사람을 잡아먹는다. 욕망에 더욱 정직하고 충실하게, 기꺼이 높은 곳에 올라가서 낮은 곳에 있는 사람들을 잡아먹는다. 구워서도 먹고 삶아서도 먹고, 뼈에 붙어있는 조금의 살코기도 남김없이 먹는다. 낮은 곳에 있는 사람들은 두렵다. 잡아먹히지 않으려고 발버둥 친다. 그러다 더 낮은 곳에 있는 사람을 발견한다. 옳다구나 하고 잡아먹는다.

어라? 맛이 있다. 그렇게 계속해서 아래로 아래로 위로 위로 아래로 아래로 위로 위로. 서로가 서로를 잡아먹고 그래서 서로가 서로를 견딜 수 없는 새로운 시대, 정직한 야만의 시대.

나는 생각한다. 우아한 위선이 좋은 것일까 아니면 정직한 야만이 좋은 것일까? 둘 다 별로다. 그래서 인간의 삶은 여태껏 이 모양 이 꼴인 것이다. 그래서 인간은 누구나 죽을 수밖에 없는 것이다.

우리는 무엇을 위해 이토록

　모든 것이 헛되다는 문장으로 시작하는 전도서를 참 좋아한다. 아 요즘 진짜 힘드네, 라는 생각이 들 때, 나는 전도서를 편다. 헛되며 헛되고 헛되니 모든 것이 헛되도다. 총 네 번 헛되다는 말을 반복하면서 인생의 헛됨을 깊이 곱씹는 것이다. 아 인생 원래 이런 것이지.

　삶의 본질은 무엇인가? 단연 허무다. 다시 한번 말하지만, 이 세상 모든 호흡 있는 만물의 생에 본

질은, 허무다. 한번 왔던 사람, 언젠가는 간다. 영생의 증거를 보여달라고 애쓴 적이 있다. 나무는 영원히 사는 거 아닐까?라고 생각했지만 그것 또한 착각이었다. 나무도 수명이 있다. 그러니 물리적인 이 세계에 있는 모든 것은 왔다가 간다. 호흡 있는 모든 만물아, 언젠가는 그 호흡이 없어질 날이 온다. 반드시 온다.

그런데 우리는 무엇을 위해 이토록 애쓰며 사는 것일까? 살아있다는 사실을 확인이라도 받고 싶다는 듯 치열하게, 열심히, 매일을 산다. 어쩌면 '죽음'이 우리를 이리도 살고자 하게끔 만드는지도 모르겠다. 생명이라는 삶의 이면에, 모두가 죽는다는 사실이 우리를 이토록 치열하게 만드는지도. 우리는 살고 싶어서 사는 게 아니라 죽지 않으려고 산다. 죽음에서 벗어나고자 사투를 벌이는 것이, '삶' 그 자체다. 그러니까 이렇게 애써서 사는 모든 것의 원인은 '죽음'에 있다.

예전에 한번 아티스트 토크에서 이런 말을 했다. "저는 내일 당장 죽을 것처럼 사는 사람이에요. 그런 제가 결혼을 하고 싶겠어요, 애를 낳고 싶겠어요? 저는 온전히 오늘을 살 뿐입니다." 진심이었다. 너무도 진심이라서 스스로 이 말을 뱉으면서도 놀랐다. 아 이것이 내가 나의 삶을 대하는 방식이구나. 내 삶의 근본을 사로잡은 '허무'는 매일 최선을 다해 사는 사람이 되도록 만들어주었다. 내일 죽어도 여한이 없도록 매일의 삶을 대한다. 죽음에 대한 근원적인 두려움이, 다시 무위로 돌아간다는 극한의 공포가, 매일 아침을 새삼스럽게 만들어준다. 아 오늘도 하루가 주어졌구나. 생을 찬미하며 모닝커피를 마시자! 그렇게 나의 하루가 시작된다.

하나님을 믿지만 나의 삶이 영원할 것이라는 기대는 없다. 천국이나 지옥이라는 개념은 지극히 인간적인 것이라, 도저히 신의 영역에서 나온 개념이라고는 볼 수가 없다. 삶이라는 것 그러니까 더 큰 의미에서 '창조'란 결코 쉽게 말할 수 있는 것이 아니다. 사후 세계라는 것이 천국과 지옥이라는 이분법으로 단순하게 설명할 수 있는 거라면, 우리는 이 세상의 모든 신에게 열심히 공을 들일 필요가 없다. 점집에 가고, 백팔 번이 넘는 절을 하고 단식을 하고 기도하며 애쓸 필요 없다. 하지만 우리는 보이지 않는 그 세계에 가닿기가 너무도 어려워서. 큰돈을 들여 신에게 정성을 바치고, 굿을 하고, 기도원에 가고, 새벽에 일어나 교회에 간다. 애써서 해야 한다.

뭐든 단순하게 말하고 단순하게 믿는 사람이 부럽다. 믿음이라는 영역은 전인격을 들여야만 가능한 일이며 미래를 스스로 저당 잡는 일이다. 믿음의 책임은 오롯이 믿음의 주체에게 있어서, 삶의 전부를 걸지 않으면 불가능하다. 하지만 우리, 평소에 믿음이라는 말을 얼마나 쉽고 가볍게 쓰는가. 오빠 믿지? 응! 우리는 너무도 쉽게 모든 것을 믿어버리기도 한다. 그 믿음의 결과가 가져다줄 불행은 알지도 못한 채.

믿을 것이라고는 유일하다. 죽음. 이 사실은 결코 나를 배신하지 않을 것이다.

사람이 비록 일백 자녀를 낳고 또 장수하여 사는 날이 많을지라도 그 심령에 낙이 족하지 못하고 또 그 몸이 매장되지 못하면 나는 이르기를 낙태된 자가 저보다 낫다 하노니. 낙태된 자는 헛되이 왔다가 어두운 중에 가매 그 이름이 어두움에 덮이니 햇빛

을 보지 못하고 알지 못하나 이가 저보다 평안함이라 - 전도서 6장 3-5절

가뜩이나 힘든데 왜 이런 글을 써가면서 힘듦을 더하는가? 왜냐하면 인생의 깊은 어둠이 밝은 빛을 갈망하도록 부추기기 때문에 그렇다. 태어날 때부터 죽음을 품고 태어나는 인생의 유한함과 덧없음이 본능적으로 인간을 빛으로 이끌기 때문에, 인생의 어둠, 그 허무를 직면해야 하는 것이다.

빛에 대한 갈망으로. 그 갈망으로 우리는 이토록 애쓰며 사는 것이다.

사는 게 딱히 재미는 없지만
그래도 살 만은 하다

다양한 방식의 덕질이 있다. 나는 코미디 프로그램을 좋아해, 코미디언 덕질을 하는데, 땡땡이라고, 송은이 김숙의 비밀보장 애청자를 부르는 애칭인 땡땡이로 나의 자기소개서 한 칸을 채울 수 있을 것 같다. 2018년부터 꾸준히 팟캐스트를 들었고, 송은이 대표님께서 비밀보장을 토대로 상암동에 사옥을 지어 올리는 과정을 지켜보면서 감동하며 늘 열심히 응원하고 있다. 연예인 보려고 줄 서는 일? 단 한번도 해본 적 없는 내가 송은이 언니가 책방 무사에서 일일책방을 열었을 때 3시간 줄 서서 기다린 일이 있다. 태어나서 처음이자 마지막으로 좋아하는 연예인 사인을 받고, 사진도 찍었다. 연예인이라면 전혀 아예, 일말의 관심을 가질 필요가 없다고 생각하는 내가, 이렇게나 좋아하고 따르는 연예인이 있다는 것은 스스로도 신기한 일이다.

사는 게 재미없다고 느껴질 때 예능 프로그램을 줄줄이 틀어놓고 본다. 특히 아무 생각도 하고 싶지 않을 때, 코미디언 누구든 그냥 사는 얘기 하면서 밥 먹는 것만 봐도 그냥 괜찮아지는 기분이 든다. 신기루 언니의 〈뭐든 하기루〉도 재미있고, 박나래 언니의 〈나래식〉도 재밌다(일면식 없는 분들을 '언니'라고 부르는 이 친근함, 이게 연예인의 힘인가 하는 생각이 든다). 최근에는 티빙에서 하는 〈원경〉이라는 드라마를 즐겨보고 있어서, 그 드라마에 나온 주인공 배우들이 출연한 나래식을 봤는데 꽤 즐겁게 봤다. 두 배우에게 맛있는 한 상을 차려주는 박나래 언니의 노력과 손길은 말할 것도 없고, 배우들의 행복해 보이는 표정과 곁들이는 대화도 매우 즐거웠다. 후반부에 두 배우에게 타로점을 봐주는 편이 참으로 인상적이었다.

이현욱 배우가 타로점을 통해 '본인이 배우 일에 재능이 있는지'를 알고 싶다고 물었는데, 그의 질문에 적잖이 충격을 받았다. 이미 유명 드라마의 주인공 역할을 하고 있는데도, 그래서 그 드라마를 홍보하러 나왔음에도 불구하고 "내가 재능이 있나요?"라고 묻는다는 것은 도대체 어떤 마음일까? 게다가 안양예고를 나왔을 정도면 아주 어릴 때부터 훈련이 되어있을 뿐만 아니라 배우가 되기를 준비하고 노력했다는 뜻이다. 이미 배우라는 직업을 가졌음에도 재능에 대한 질문을 한다는 것이 실로 놀라웠다. 예술이라는 것, 참으로 이상한 구석이 있어서 '재능'에 대해 늘 의식하게 된다. 아무나 할 수 없고 특별히 재능이 있는 사람만 할 수 있는 일, 예술.

그래서인지 이상하리만큼 나에게도 '재능'에 관련된 질문이 많다. 언제부터 글을 썼는지, 혹은 언제부터 그림을 그렸는지. 그리고 작가가 되기 위해 어떤 노력을 했는지에 대한 질문. 이런 말도 가끔 듣는다. "나는 재능이 없어서 너처럼 할 수가 없다." 동일한 맥락에서 다시 풀어쓰자면 "너같이 재능 있는 사람이나 할 수 있는 일이다." 하지만 나는 이 말을 들을 때마다 생각한다. 창작을 업으로 하는 게 그렇게 재능이 필요할 정도로 대단한 일인가? 그래서 재능에 대해 생각하게 되었다. 도대체 재능이 뭘까? 그리고 이미 재능을 가졌다는 평가의 결과물로서 예술고등학교에 입학 허가서를 받은 사람마저도 여전히 재능에 대해 질문할 정도로, 재능이 그렇게 중요한 것일까?

재능의 여부가 궁금한 궁극적인 이유는 이 일이, 즉, 예술인으로 사는 일이 절대적으로 외부의 판단하에 결정되는 일이라서 그렇다. 내가 배우가 되고 싶다고 해서 배우가 될 수 있는 게 아니다. 누군가가 배우를 시켜줘야 배우가 될 수 있고, 작가를 시켜줘야 작가가 될 수 있다. 세상만사 대부분의 일이 외부의 선택에 의해 일어나긴 하지만, 예를 들면 삼성에서 일하고 싶다고 해서 막무가내로 출근할 수는 없는 것처럼, 시험을 보고 면접을 본 후, 합격이라는 허락을 받아야 회사에 출근할 수 있는 것처럼, 나의 주체적인 의지가 아닌 객체로서의 선택을 받아야만 할 수 있는 일이 대부분이다. 그럼에도 불구하고 예술가가 되는 것은 삼성에 입사하는 것과는 다르다. 무엇으로 예술가를 정의할 수 있는지에 대한 기준도 애매할뿐더러, 자신이 예술가라고 스스로를 규정한다고 해도 그것이 소득으로 이어지지 않으면 규정 자체가 지속 가능한 유효성을 갖기 어려운 구조이기에 어렵다.

예술에 타고난 재능이 있으면 주체의 의지와 객체의 선택이 자연스럽게 맞물린다. 짠, 예술가의 탄생이다. 연기를 하고, 음악을 해서, 혹은 그림을 그려서 벌어먹고 산다. 즉 재능으로 먹고산다. 삼성에 입사한 사람에 대해 재능을 말하지 않는다(대신 그의 노력에 대해 말할 수 있겠지). 왜 예술 분야는 노력과 의지가 아닌 재능의 영역인 걸까? 예전에 잠시 배우 친구에게 연기 레슨을 받은 적이 있었다. 그 친구는 딱 한 마디로 정리해 말했다. "연기는 누구나

할 수 있거든. 그래서 재능의 영역인 거야." 역설적

인 말이다. 막상 친구에게 연기를 배워보니 생각보

다 어려웠다. 특히 인물에 몰입하는 과정에 큰 매력

을 느끼지 못했다. 연기는 자의식을 내려놓는 과정

이다. 하지만 나는 딱히 그럴 의지가 없다. "그림은

누구나 그릴 수 있어요." 수수한 아이패드 드로잉의

머리말에는 이런 말이 쓰여있다. "누구나 그릴 수 있

다." 이제서야 나는 배우 친구가 했던 말, "연기는 누

구나 할 수 있다. 그래서 재능의 영역이다."라는 역

설을 조금이나마 깨닫게 되었다. 그러니까 말하자면

재능이란, 흥미다. 연기는 누구나 할 수 있지만 누구

나 흥미를 가지는 영역은 아니다. 즉, 흥미가 있다면

재능이 있는 것이다.

나의 흥미는 오로지 그림이고, 미술이다. 그림은

봐도 봐도 질리지가 않고, 미술사는 읽어도 읽어도

재밌다. 너무 힘들 때, 죽도록 괴로울 때 나는 그림을 보면서 위로를 받고, 그림을 통해 삶의 의미를 찾는다. 그러니까 내 모든 육체적 정서적 흥미를 지배하고 있는 것은 어릴 때부터 그림이었고, 지금도 그림이다. 이런 맥락에서 나는 재능을 이렇게 정의하고 싶다. 타고난 흥미. 내가 좋아하고자 노력하지 않아도 좋아지는 것. 좋아서 어쩔 줄 모르겠는 것. 즉, 흥미가 재능이다.

원래는 이런 글을 쓰려고 시작한 건 아니었는데, 생각나는 것을 적어 내려가다 보니 흥미가 재능이라는 결론에 이르게 되었다. 이런 생각에 다다르게 된 것도 우연은 아닐 것이다. 나에게 재능이 있는지 고민하는 사람이라면, 한 번쯤은 나의 흥미를 끄는 것이 무엇인지 생각해 보는 것도 도움이 되지 않을까? 그림을 제외한 요즘 나의 흥미는 온라인 쇼핑이다. 그래서 요즘은 쇼핑에 관련된 유튜브 콘텐츠까지 찾아본다고, 어쨌든 흥미 거리가 있다는 것은 참 좋은 일이다. 사는 게 딱히 재미는 없지만 그래도 살 만은 하다.

풍요로부터 오는 권태냐
결핍으로부터 오는 고통이냐

아프리카 잠비아에 간다는 말에 주변 사람 대부분이 부러워했다. 딱히 티 내지 않는 우리 가족들마저도 이번 출장에 대해서는 기존과 다른 반응을 보였다. 특히 우리 엄마는 이번 여정이 내 삶에 큰 환기가 될 거라고 말했다. 어쩌면 삶의 태도가 달라질 수 있을 것 같다고도 했다. 주변의 반응이 이렇다 보니 한편으로는 부담스러웠다. 생각보다 별로면 어쩌지? 아무 감흥도 없으면 어쩌지? 왜 그런 걱정을 했나 싶을 정도로 9일간의 잠비아 여정은, 삶을 통째로 바꿀만한 사건은 아니었을지라도, 꽤나 큰 진동을 일으켰다. 그래서 다녀온 지 4일이 된 지금도 잠비아를 그리워하며 시차 적응도 제대로 해내지 못하는 게 아닐까 싶다.

이번 출장은 월드비전과 함께했다. 어느 날 월드비전에서 일러스트 협업을 제안하셨는데, 마침 나는 케냐에 있는 아동 한 명을 후원하고 있어서, 그림도 별도의 비용 없이 전부 기부하고 싶다고 말씀드렸다. 이렇게 여러 프로젝트를 함께하는 과정에서, 때마침 비전트립 기간이 되었다. 비전트립이란 후원자들이 실제 아프리카 현장에 방문해 후원금이 어떻게 사용되고 있는지 직접 경험하는 9일간의 여행이다. 월드비전에서, 수수진 작가가 직접 비전트립에 참여해 모든 과정을 컷 만화 형식으로 남겨줄 수 있는지 문의해 주셨고, 그래서 이 작업을 위해 함께 잠비아로 떠나게 되었다.

　자는 시간을 제외한 나머지 모든 시간을 사람들과 부대껴 살다가 다시 고요한 공간으로 돌아오니 낯설다. '혼자'라는 감각이 굉장히 선명하게 다가온다. 아 다시 일상이구나. 이번 여행은 다른 어떤 여행보다도 후폭풍이 심할 것 같아요, 라고 말했는데 실제로도 감정의 동요를 매 순간마다 겪고 있다. 아무렇지 않은 얼굴로 일상에 돌아가고 싶은데, 그게 잘 안된다. 그간 인터넷에 거의 연결되지 않았기 때문에 이 세상에 무슨 일이 일어나고 있는지 알 길이 없었다. 집에 돌아와 다시 연결됨으로 인해 맞닥뜨릴 수밖에 없는 수많은 자극도 너무 크게 느껴진다. 집에 수도 시설이 있는 게 희귀한 일인 곳에 있다가 모든 것이 당연한 세상으로 옮겨졌다. 여전히 빠르고 세련되게 움직이는 곳, 내가 속한 현대 사회.

수도 루사카는 그래도 발전한 편이지만, 우리가 가장 오랜 시간 머물렀던 몬제(Monze)는 농촌 지역으로, 그냥 대충 봐도 심히 척박했다. 그러니 속으로 들어가 자세히 들여다보면 오죽할까. 10년 사이에 많은 발전이 있었다고는 하지만, 도저히 사람 사는 곳이라 보기 어려웠다. 집이라고 해서 들어갔는데, 그냥 흙바닥이다. 그러니까 벽만 세워놓은 거다. 집에 지붕을 세울 수 있었다며 월드비전에게 고맙다는 말을 하는 사람도 있었다(그러면 아직도 지붕이 없는 집도 다수 있다는 말이다). 하지만 당연히 집마다 조금씩 격차가 있기 때문에 TV가 있고, 집 안에 수도가 있는 곳도 있다. 아, 맞다. 대부분의 집에는 수도가 없다. 그러니까 집에 수도가 있는 것으로 부와 가난을 나눌 수 있다는 사실이 정말 충격적이었다.

동행한 후원자 중에는 5, 60년대 태어난 어르신

들이 계셨고, 그중에는 어려운 환경에서 자란 분도 있어서 그 시절 이야기와 잠비아의 현실을 비교해 가며 듣는 것도 꽤 흥미로웠다. 잠비아에는 학교가 많지 않아서 아이들이 몇 킬로씩 걸어서 통학을 하는데, 어르신 중 한 분이 본인도 4km의 거리를 매일 통학했다며 아이들의 힘듦에 공감할 수 있다고 하셨다. 그리고 동네에 하나뿐인 우물가에 가서 물을 떠다 먹었다는 이야기와 더불어 집에 처음 수도를 놓았을 때, 그 기쁨을 잊지 못한다는 말까지 덧붙이셨다. 이 이야기를 들으며 잠비아 사람들의 삶을 보니, 불과 몇십 년 전 대한민국의 모습이다.

결핍이 너무 큰 데 비해, 매 순간 아주 작은 것으로 행복해하는 사람들을 보며 웃어야 할지 울어야 할지 갈피를 잡기 어려웠다. 숙소에 돌아와서 따뜻한 물에 샤워를 하는데 울컥, 거울을 보고 로션을 바르다가 또 울컥, 밥을 먹다가 잔반이 남으면 너무 미안하고, 인종도 다르고 일면식도 없는 이 사람들에게 그냥 뭐라도 더 줘야 할 것 같은 묘한 죄책감까지. 모든 게 혼란스러운 채로 그 시간을 보냈다. 그래도 어쨌든 모든 건 '과정'이라고, 더 나은 삶을 꿈꾸며 열심히 사는 사람들에게 내가 뭐라고 판단의 마음을 가질까 싶어 최대한 객관적으로 그들을 보려 애썼다. 그런데 마지막 날, 월드비전 잠비아 직원과의 저녁 식사에서 한 직원과의 대화를 통해 이 혼란이 더욱 거세져버렸다. 어쩌면 이 문제로 인해 나는 아직도 잠을 이루지 못하는 건지도 모르겠다.

잠비아는 기대 수명이 50세 초중반 정도라 대부분의 사람들이 이른 나이에 결혼해서 가정을 꾸린다. 그리고 영아 사망률이 높은 편이라 그런지 몰라도 보통 5, 6명 정도의 아이를 낳는다. 그래서 나도 같은 식사 테이블에 앉은 모이라(월드비전 잠비아 직원)에게 몇 명의 아이가 있는지 물었다. 모이라는 깜짝 놀라며, 본인은 싱글이라며, 잠비아 사람들 다 일찍 결혼하는 거 아니고, 교육받은 사람들은 30대 정도에 결혼을 생각하거나 비혼인 경우도 많다고 했다. 한국의 서른다섯, 싱글 여성으로서 결혼 여부를 묻는 사람에게 감수성 유무를 따지는 내가, 너무 아무렇지도 않게 그런 질문을 했다는 것이 쥐구멍을 파도 수치심이 가시지 않을 만큼 부끄러운데, 모이라의 대답에 어안이 벙벙해 아무 말도 할 수가 없었다.

모이라가 말했다. 교육받은 자신들은 너무 많은 걸 보았고, 매우 진보적인 사고방식으로 살아가고 있지만 그렇기 때문에 보이는 현실이 더욱 막막하다고, 앞으로 잠비아는 '따라가야 할 길'이 너무 멀다고. 내가 말했다. 발전된 사회라고 해서 무조건 행복한 건 아니라고, 현대인의 지병인 우울증에 대해 들어봤느냐 물었다. 모이라는 대답했다. 이 식사 자리에 앉아 있는 월드비전 잠비아 직원 모두가 굉장한 우울을 겪고 있다고, 이 나라를 생각하면 너무 힘들고 슬퍼서 밤잠을 이루지 못한다고 말했다. 우리는 각자 다른 이유로 지독한 우울을 겪고 있었다. 풍요로부터 오는 권태냐 결핍으로부터 오는 고통이냐. 인간 김수진과 인간 모이라에게 삶은 동일한 무게로 힘겨웠다. 동시에 내가 생각한 잠비아와 또 다른 잠비아가 하나의 시공간에 다른 형태로 존재하고 있는 것 같아 이 또한 굉장한 혼란이었다.

　　아프리카 대륙은 크고 광활해 잠비아라는 나라, 그것도, 일부 지역을 짧게 경험한 내가 감히 뭘 안다 말할 수 있을까. 아니 안다고 생각했던 모든 것들이 이곳에 와서 전부 해체되었다. 그래서 나는 이제 그 무엇도 함부로 말할 수가 없다. 그저 지금 이 혼란 속에서 내가 할 수 있는 최선은 하나뿐이다. 멀리서 모래바람이 불어와 혼탁해진 시야에 불현듯 들어오는 빛나는 눈동자, '생명'. 이 생명을 살리는 일에 나의 물질과 마음을 다하는 것. 오직 그것뿐이다.

.

하지만 유감스럽게도 역사는 그리고 우리의 세계와 아프리카도 절대로 좋기만 하거나 나쁘기만 한 것이 아니다. 그것은 모순으로 가득 찬 것이다. 우리가 그것을 견디고 바라보고 또한 이해하려고 노력한다면, 우리는 단순한 것만 좋아하고 모순을 견디지 못하는 선입견에 어쩌면 덜 전염될 수도 있을 것이다.

– 처음 읽는 아프리카의 역사 (루츠 판다이크, 데

니스 도에 타마클로에 씀) 중

당신이 믿는 것에 투표하세요

아프리카에 다녀와서 영혼이 정화되었다는 백인들의 간증을 보면, 한편으로는 가증스러웠다. 그들이 아프리카에서만 영혼을 정화시키는가 하면 그것도 아니다. 인도, 캄보디아, 미얀마… 같은 비교적 문명화가 덜 된 나라에서도 비슷하다. 그런 나라들만 찾아다니며 에스닉한 패턴으로 된 천을 두르고 다니는 백인 히피들을 보면, 멋지다기보다는 좀 우스꽝스럽다는 생각이 들었다. 이 불균형은 모두 당신들의 선조가 오랜 시간 식민지를 건설하고 전쟁을 일으킨 결과랍니다. 식민 치하 역사를 가진 나라에서 나고 자란 사람의 피해의식으로 세상을 바라본다는 비난을 피할 수 없다. 하지만 여행을 하며 만났던 스페인 사람의 한마디가 아직도 지워지지가 않는다. 벌써 10년은 넘은 것 같은데 말이다.

어쩌다가 그런 주제를 가지고 이야기를 나눴는지는 잘 생각나지 않는다. 그런데 나는 '독도'라는 주제를 꺼내버렸고, 독도는 엄연히 대한민국의 영토인데도, 일본이 한국을 식민지 삼으면서 세계 지도에 자기들의 영토로 표시한 게 아직까지도 문제가 되고 있다고 말했다. 스페인 사람이 내게 물어보았다. 그게 2차 세계 대전 전에 쓰인 지도야 아니면 그 후에 쓰인 지도야? 전쟁이 진행되는 과정에서 우리 영토를 자기네 나라로 몰래 끼워 넣었지.라고 대답했더니, 전쟁 중에 일어났고, 이미 지도가 수정되었다면,

독도는 일본의 땅이 맞다고 했다. 전쟁 범죄를 일종의 정복으로 이해하는 그와는 더 이상 이야기를 나눌 수가 없었다. 세상에는 정말 다양한 사람이 있고, 모두가 그 생각이 다르다지만, 누군가를 노예로 삼고, 식민 통치를 할 수 있다는 마인드는 역사책에만 쓰인 게 아니라 현대 사회에도 여전히 존재한다.

각자의 역사와 가치관에 따라 '선'에 대한 가치 판단도 다르다는 걸 알게 되었다. 내가 절대적으로 선하다고 믿는 것이 모두에게 선한 것이 아니다. 아니, 선한 의도로 시작한 것이 악으로 변질되는 일이 수없이 반복되고, 매번 실망하다 보니 언젠가부터 나는 누군가를 설득하는 데 지쳐버렸다. 아니 이제는 나도 설득이 안 된다. 소망이 없다. 아무리 평생을 바쳐 소리친다고 해도 세상을 비롯해 사람도 바뀌지 않는다. 그저 세대와 세대를 거쳐 동일한 실수가 반복될 뿐이다.

회의감은 더욱 강해지고, 순간의 행복은 말 그대로 순간 증발해 버린다. 정신을 차려보면 심란하고, 외롭고 권태롭다. 인생으로부터 도저히 헤어 나올 수 없을 것 같은 감각, 무기력. 나는 교회에서 예배를 마치고 집에 돌아가는 중에 마치 술에 잔뜩 취했다가 한순간 깨버린 것처럼 허무함이 물밀듯 들어온 경험이 한두 번이 아니다. 그러니까 종교의 힘으로도 인간 내면의 고질적인 허무는 고칠 수가 없다. 나는 종교가 무조건 답이라고 생각하는 사람이 아니다. 신학을 공부한 지혜로운 사람들은 말한다. 인간이 언제 성화를 이룰 수 있습니까? 죽어야 가능합니다. 그러니까 인생의 허무함? 구원? 모두 죽어야만 이뤄지는 것. 그렇기 때문에 평화보다는 전쟁을 일으키기 쉬운 구조가 종교다. 다음 생이 보장되니 이번 생은 목숨 바쳐 싸울 수 있다.

　　그렇다면 살아있는 동안은 계속해서 이러한 상태가 지속될 수밖에 없는 걸까. 기본적으로 세상에는 소망이 없으니 뭔가를 찾기 위해 떠나는 것도 의미가 없다. 하지만, 정말 인정하고 싶지 않지만, 월드비전과 함께 다녀온 잠비아에서 나는 희망을 보고야 말았다. 희망이란 건 시각적으로 볼 수 있는 게 아니라고 생각했는데, 시각, 후각, 청각, 촉각, 미각이라는 오감을 통해 희망을 경험했다. 더 나은 세상을 꿈꾸며 지금의 시공간을 모두 바치는 사람들, 그러니까 더 나은 다음 생을 위함도 아닌, 어떤 다른 목적이 아닌, 오직 선한 마음으로 사는 사람들을 봤다. 그들을 보며 가장 낮은 사람들과 함께했던 예수님을 생각했다. 지금은 가장 화려하고 쾌적한, 성당 혹은 교회라는 공간에 모셔져 있어 자각하지 못했

는데, 이천여 년 전 그는 냄새나는 마구간에서 태어
난 밑바닥 출신으로 사회에서 가장 배척받는 사람들
만 골라서 우정과 사랑을 나누다 청년의 나이에 세
상을 떠났다.

아까는 종교가 삶을 구원할 수 없다고 말했다.
그 생각은 여전하다. 그러니까 종교적인 의식과 일
정 요일마다 습관적으로 하는 행위로는 나 자신을
포함한 그 무엇도 구원할 수 없다. 진정한 사랑을 신
체적인 감각을 통해 체험하고, 그것이 영감으로 나
아가지 않으면 도저히 어떻게 할 수 없는 것이 인생
이다. 나는 예수의 존재를 믿고 따르며, 부활을 믿고
하나님의 아들이라는 것을 내 입을 통해 고백한다.
하지만 이 모든 것을 하지 않아도 괜찮다. 외부의 누
군가가 힘을 다해 해체하고자 노력해도 결단코 사라
질 수 없는 절대적인 '선'이 존재한다는 사실을 알고

믿으면 된다. 억압의 시도는 계속될 것이다. 하지만 나는 절대적인 '선'에 쉬지 않고 힘을 보탠다는 의미에서 나의 마음과 물질을 아프리카에 보낼 것이다. 이것은 마치 투표와도 같다. 질 수도 있고, 이길 수도 있다. 결과는 알 수 없지만 지금의 나는 투표한다. 이것이 나의 힘이자 권리라는 걸 이제서야 깨달았다.

나와 결혼해 주오

오늘은 내가 너무도 아끼는 친구 세린을 만나고 왔다. 출국 비행기를 타기 전, 꼭 인사를 나누고 싶은 사람의 얼굴이 떠오르는데, 그중에 세린이 있었다. 세린이가 올겨울에 결혼할 예정이다 보니 이런저런 준비 과정에 대해 이야기를 나눴다. 나는 남동생이 먼저 결혼을 했음에도 불구하고 결혼 예식을 준비하는 것에 너무 무지해서 세린이가 하는 말을 이해하지 못해 자주 질문을 했다. 그중 가장 무슨 말인지 몰랐던 것은 '웨딩플래너 없이 하는 결혼 준비'였는데, 웨딩플래너 없이 결혼하는 게 무슨 큰 일이라도 되는 건지를 물었다. 아무래도 웨딩플래너가 있으면 금액이 더 비싸니까 그런데 드는 비용은 제가 포기한 거죠, 라고 말했다. 아이 너무 잘하고 있네! 하며 칭찬했는데, 세린이가 기대했던 반응은 아니었던 것 같다.

세린이가 이어서 말했다. 결혼 예식은 하나의 큰 산업이라서 일정 체계를 갖추고 있는데, 저는 거기서 많은 부분을 포기했어요. 포기? 뭘 포기했다는 말인지 조금 더 들어보았다. 예식 공간과 신부 대기실을 꾸미는 비용(생화냐 조화냐에 따라서도 가격이 천차만별이라고 한다)에서부터 드레스의 퀄리티, 메이크업 비용, 식사 비용, 허니문 호텔 수준 등 말하다 보니 한도 끝도 없었다. 결혼 사업에도 계급이 존재하는구나! 라고 말하니 맞다며 맞장구친다.

아이고 결혼 예식 문화는 애초부터 내 스타일이 아니었다니까.

　나는 결혼식에 동경을 갖고 있는 여자들을 이해할 수가 없다. 공감력이 부족한 사람들을 보고, T발, C야? 라는 우스갯소리도 있는데, 결혼 예식에 대해서는 공감 능력이 부족한 정도가 아니라 아예 없는 것 같다. 드레스를 입고 사람들 앞에서 걷는 생각만 해도 벌써부터 입이 찌푸려진다. 이건 뭐라 설명하기 어려운 구석이 있는데, 그냥 싫다. 내가 꿈꾸는 결혼식이란, 사랑하는 사람과 단둘이 반지만 교환해도 충분하다. 누군가의 축복이 필요하다면 그건 가족들이면 족하다. 나를 키워준 친척에게 감사의 인사는 필수니 한자리에 모실 수도 있겠다. 하지만 굳이 힘들게 멀리 계신 분들 오라고 하기보다는, 한 살이라도 어리고 두 다리 튼튼한 내가 찾아가 인사드리는 게 되려 맞는 일이라 본다.

나는 내 인생에 결혼이 없을 수도 있다고 늘 생각한다. 어쩌면 그래서 결혼 예식에 대해 진지하게 생각해 보지 않은 걸지도 모르고. 이번 잠비아에 함께 간 어르신 중 한 분이 결혼을 한 번도 하지 않으셨다고 해서 나도 모르게, "앗 선배님!"이라고 외쳤다. 저는 결혼에 대한 큰 뜻이 없어요, 라고 말씀드리고 내 생각을 쭉 이야기했다. 내 말을 들으시더니 나중에 조용히 말씀하셨다. "그래도 결혼은 하는 게 좋아. 나는 수진 씨가 꼭 결혼을 했으면 좋겠어."

결혼에 대해서는 이런저런 여러 가지 말이 많은데, 이번에 어르신께서 해주신 말은 조금 무게감 있게 다가왔다. 하지만 그렇다고 해서 결혼을 갑자기 할 수는 없는 노릇이다. 이 세상에 혼자 결혼할 수 있는 사람은 없으니까. 내가 나와 결혼하겠다며 비혼식을 올리는 사람들도 있다고는 하는데, 나는 지금 그런 식의 말을 하자는 것이 아니다. 오늘 세린이와 결혼에 대한 이야기를 나누며 내 결혼에 대해 생각해 봤다. 물론, 아직도 내 인생에 결혼이 꼭 필요하다고 생각하지는 않는다. 하지만 사랑하는 사람이 사랑의 결과로 결혼을 요구한다면 기꺼이 할 것이다. 동시에 내가 바라는 바를 편히 말하자면은, 남은 인생을 함께 꾸려갈 동반자가 지금의 나와 같은 생각을 하는 사람이면 좋겠다. 나는 결혼 예식에 드는 모든 비용으로 아프리카에 학교를 짓고 싶다. 월드비전 직원의 말에 따르면, 그때그때 건축에 대한 견적과 상황이 달라 정확한 금액을 말하기는 어렵지만 천 단위의 후원금이면 학교나 도서관을 지을 수 있다고 한다. 세린이가 말한 결혼 예식 비용도 천 단위였다. 그러면 얼추 맞는다.

아프리카에 학교를 짓는 일, 혼자서 할 수도 있지만, 솔직히 아직은 무리다. 그래서 이 일을 함께 마음 모아서 하면 시기가 많이 앞당겨질 것 같다. 같은 꿈을 꾸고 있다면, 앞으로의 삶을 함께 꾸려가는 데 있어 그 무엇도 어렵지 않을 것이다. 그리고 신혼여행은 잠비아의 리빙스톤으로! 함께 빅토리아 폭포 절경을 바라보며 트레킹을 즐기고, 국립공원을 자유롭게 뛰노는 동물을 바라보며 두근거린 뒤, 근사한 호텔에서 진한 맥주를 마시며 아름다운 노을을 바라보는 것, 너무 아름답지 않은가. 말하다 보니 어쩌면 결혼에 대한 무리한 환상을 갖고 있는 건 바로 나 자신이 아닐까 싶다.

하나님 오늘도 하루 잘 살고 죽습니다.
내일 아침 잊지 말고 깨워주십시오

겨우 저녁 일곱 시 반인데 너무 졸리다. 그냥 확 자버릴까 싶어 불을 다 끄고 침대에 누웠다. 아니 이렇게 잠이 들기에는 오늘이라는 하루가 너무 아쉬워 다시 불을 다 켜고 책상머리에 앉는다. 만약 오늘 잠이 들었다가 내일 아침에 일어나지 못하면, 오늘이 내 생애 마지막 날이 될 텐데, 그럼 한 글자라도 더 남기고 죽는 게 남기지 않는 것보다 낫지 않겠나. 그런 마음으로 키보드의 글자를 하나하나 누르고 있다.

하나님 오늘도 하루 잘 살고 죽습니다. 내일 아침 잊지 말고 깨워주십시오. 나태주 시인이 쓴 「잠들기 전 기도」라는 제목의 시다. 문단을 그대로 붙여 쓰니 시의 말맛이 다 사라졌지만, 어쨌든 나는 매일 밤 이 시를 읊으며 잠이 든다. 매일 밤마다 잘 살고 죽는다는 기도를 신에게 올리고 난 다음 날 아침이 되면, 기분이 묘하다. 아, 정말 하나님이 나를 깨워주셨네. 그렇게 새로운 오늘을 허락받는다. 나보다 높은 존재가 있다는 인식으로 그렇게 매일을 산다.

부쩍 죽음을 생각하고 묵상한다. 아마도 엄마의 뇌동맥류 진단 이후에 생긴 습관인듯하다. 뇌질환에 대해서는 문외한이라 처음에는 뇌동맥류라는 말을 들었을 때, 그게 뭐예요?라고 물었다. 대학 병원에서 직접 의사를 만나는 것도 처음이었는데, 뇌동맥류에 대한 설명을 천천히 듣고 나니 더욱 혼란스러웠다.

뇌에 셀 수 없이 많이 붙어 있는 혈관, 엑스레이로 봐도 뭐가 뭔지 모를 정도로 뒤엉켜 있는데, 그중 하나도 아니고 여러 개가 막히고 부어있어서, 잘못하면 혈관이 터져 죽음에 이를 가능성이 높다고 한다. 다행인 것은 두개골을 열어 뇌에 통하는 동맥에 파이프를 연결하면 생명을 연장할 수 있다. 두개골을 연다… 라… 네 일단 알겠습니다.

병원에서 돌아오는 길에 엄마와 참 많은 이야기를 나눴다. 하나님이 허락하신 만큼만 살고 싶다는 말을 아무렇지도 않게 하는 엄마를 본다. 나 또한 나의 생명의 시작과 끝이 하나님이라고 생각하지만, 주어진 것보다 조금 더 살게 해달라고 생명을 구걸할 수도 있는 거잖아? 하지만 엄마는 그다지 그렇게까지 하고 싶지는 않다. 살아보니, 인생이 너무 길고 지루해. 너에게 피해 없는 노년을 살고 싶어. 라고 말한다. 나에게 피해가 되는 삶? 누가 누구에게 피해를 준 걸까? 마구잡이로 태어나버린 나 자신일까. 혹은 나를 낳은 당사자일까. 닭이 먼저인지 알이 먼저인지 영원히 알 수 없으니 누가 피해자고 누가 가해자인지 또한 영원히 모를 일이다.

　매일같이 죽음을 생각하는 버릇과 함께 아침마다 하나님 앞에 앉는 버릇도 생겼다. 나를 깨운 존재 앞에 자리를 잡고 앉는다. 그러고는 한참을 아무 생각 없이 턱을 괴고 있거나, 테이블에 두 손을 포개고 머리를 기댄 채로 눈을 감고 한참의 시간을 보낸다. 아무 말도 아무 소리도 없이 그냥 고요한 상태로 그렇게 매일의 아침을 보낸다. 가끔은 눈물이 날 때도 있고, 졸음이 쏟아질 때도 있다. 어떤 상태든 그냥 조용히 하나님과의 시간을 보낸다.

　사랑하는 사람이 죽음에 대해 아무렇지 않은 태

도로 임할 때, 죽음은 더욱 선명하게 존재를 드러낸다. 보고 싶지 않아도 보이고, 듣고 싶지 않아도 들리는 죽음의 존재는 사람을 아주 작고 보잘것없는 것으로 만든다. 하늘을 올려다보며 하나님에게 아뢰어본다. "하나님, 엄마의 병을 낫게 해주시고, 부디 오래 건강하게 살 수 있도록 도와주세요." 하지만 그렇다 한들 엄마는 언젠가 죽을 것이다. 영원히 살 수는 없다. 그건 나도 마찬가지고, 이 글을 읽는 당신도 마찬가지다.

가뜩이나 우울한 가을에 죽음을 떠올리는 건 더욱 우울하고 음침한 일이다. 아무리 아름다운 포장지에 리본까지 준비한다 한들 내용물은 결코 달라지지 않는다. 유한한 존재의 한계가 모든 생명 안에 공허를 만들고, 그 빈 공간을 채우기 위해 모두가 안달이 났다. 새로운 것을 임신해 낳고, 키우며 생명을 끊임없이 증명하며 살아있음을 연장하려는 눈물겨운 행위. 우리 엄마도 나라는 새로운 생명을 통해 공허를 채우려 노력했지만 살아보니, 결국 신이 허락한 만큼 살다가 죽을 수밖에 없는 것이 인생이라고. 결국 그 인생의 덧없음을 다른 인생인 나에게 물려주었다.

엄마, 산다는 건 뭘까

엄마, 세상에는 너무 많은 것이 왜곡되어 있는 것 같아. 근데 사람들에게 이런 말을 꺼내면 내가 현실적인 사고를 못 하는 거래. 그러니까 내가 너무 순진한 거래. 그럼 나는 말하지. 이 세상에 나 같이 생각하는 사람 한 명 정도는 필요한 거 아니냐고. 그러면 사람들은 이렇게 말하면서 대화를 끝맺고 싶어 해. "그래, 너는 예술가니까." 뭔가 더 이야기를 하고 싶어도, 나는 이 문장 앞에서 크게 힘을 쓰지 못해. 이 말에 담긴 뜻을 잘 알고 있기 때문이지.

그러니까 나라는 사람은 존재하지도 않는 환상을 좇는 비현실적인 인간이라는 거야. 그래서 대화가 안 통한다는 걸 간접적으로 표현한 게 "그래, 너는 예술가니까."라는 말이야. 이 문장에는 모든 대화를 종결시키는 힘이 있어. 근데 재미있는 게 뭔지 알아? 가끔은 나도 타인에 대해 이야기할 때, 비슷한 생각을 품을 때가 있거든. 실제 입 밖으로 내뱉을 때도 있지. "걔 예술가잖아."

왜 우리는 유독 다른 생각을 하는 사람들을 '예술가'라 칭하는 걸까. 나는 예술가가 되고 싶지만, 이상하게도 '그런 예술가'가 되고 싶지는 않아. 이걸 뭐라고 표현해야 할지 잘 모르겠는데, 내가 품고 있는 생각이 '다른 것, 별난 것, 혹은 비현실적인 것'으로 분류되고 싶지 않다는 말과 맞닿아 있는 것 같아. 예술가라서 그렇게 생각하는 게 아니라, 나는 진실을 말하고 있다고 굳게 믿고 싶은 거야. 하지만 진실이란 뭘까? 내가 그토록 원하고 믿는 것이 과연 진실일까. 이런 생각을 하기 시작하면 완전히 구렁텅이에 빠진 기분이 들어. 많은 책을 읽고 아무리 사유를 거듭해 봐도 여전히 세상은 내게 너무도 아리송한 존재야.

하지만 나는 정말이지 '선'을 믿어. '선'에 대한 갈급한 마음이 타들어 갈 것 같아서 목이 마른 기분으로 매일을 살아. 만약 이 세상에 선이 존재하지 않는다면, 우리는 대체 무엇을 붙잡고 살아갈 수 있을까. 나는 엄마 덕분에 절대적인 '선'이 존재한다고 믿게 되었어. 내 삶의 근본을 지탱하고 있는 신앙을 통해 절대적인 '선'을 숭배해. 매일 같이 그 존재를 느끼고, 체험하고, 사랑하는 동시에 두려워하면서, 물려받은 신앙으로 매일 하루치의 삶을 살아가는 게 내가 할 수 있는 최선이라 믿어. 동시에 조금씩 나아지고 있다 생각하면서 그렇게 살아가는 게 인생이겠지.

　엄마는 나에게 삶이라는 걸 부여한 절대적인 존재야. 나는 엄마의 몸에서 나오는 영양을 먹고 자랐고, 엄마의 육체를 통해 세상에 나왔어. 가끔은 이리도 작은 사람이 어떻게 나같이 큰 걸 낳았나 하는 생각이 들 때도 있지만 말이야. 그래서 고마운 마음도 들지만 동시에 조금은 원망하는 마음도 있다? 삶이 너무 버거워서 그런 것도 있겠지만, 인간이라면 누구나 비슷한 생각을 하는 거잖아. 마흔다섯에 엄마를 낳은 외할머니가 친구들 보기에 너무 늙어서 부끄럽게 생각한 적이 있다고 했지. 우리는 각자의 엄마에게 양가적인 감정을 느낄 수밖에 없는 것 같아. 하지만 가장 중요한 건, 그 누구보다도 내가 엄마를 가장 사랑한다는 거야. 감히 아빠보다도 내가 엄마를 더 사랑한다고 나는 확신할 수 있어. 우리는 몸을 공유한 사이잖아. 엄마 뱃속에서의 기억은 조금도 없지만, 신체 구석구석에 남아 늘 잠에 들 때마다 엄마 뱃속에서 웅크리고 있었던 것처럼 이불 속에서 몸을 웅크려. 매일 밤 나는 엄마의 뱃속에 다시 들어가.

나는 예술가라서 엄마에 대한 사랑과 감사를 이런 방식으로 표현해. 예술가라는 건 비현실적이고 오글거리는 사람들이 아니라, 가진 감정에 최선을 다하는 사람인 거야. 대부분의 인간은 나 같이 살 생각도, 용기도 없으니 어쩌면 예술가라는 말은 내가 사회에서 들을 수 있는 가장 아름다운 칭찬이 아닐까. 그렇게 생각하면 두 눈이 반짝이면서 어깨가 올라가고, 왠지 뭐든 잘 해낼 수 있을 것 같은 마음이 불쑥 솟아나. 엄마, 나는 누가 뭐라든 끝까지 사랑을 믿으며 살아갈 거야. 내가 보고 듣는 것이 누군가가 설계한 거짓일 수도 있다고 끊임없이 의심하면서. 가끔은 바보 같은 삶을 기꺼이 선택하면서 내게 주어진 시간을 최선을 다해 살아갈 거야. 그런 나를 끝까지 응원해 줘. 우리의 남은 시간이 서로를 향한 무조건적인 사랑이면 좋겠어. 엄마, 사랑해. 정말 사랑해.

지온, 아마도 산다는 건 이런 게 아닐까

나의 사랑하는 조카 지온, 세상에 나온 지 갓 100일이 넘은 작고 연약한 생명체 김지온. 고모는 너를 생각하면 가슴이 뭉클해지고 알 수 없는 인류애가 솟아난단다. 조카에게 쓰는 편지에 인류애라는 단어를 쓰다니 너무 오버하는 거 아니냐고? 응, 맞아. 고모는 작은 것에 크게 감동하고 환호하며 과장된 표정을 짓는 그런 사람이란다. 우리 집안 사람들에게는 그런 DNA가 있어. 너의 할아버지의 할아버지 때부터 줄곧 그래왔을 거야. 우리는 늘 이런 식으로 삶을 대했어. 그리고 우리 같은 사람들만이 세상의 아름다움을 깊이 경험하고, 감탄하며 신에게 진정한 감사를 올릴 수 있단다. 그런 의미에서 나는 내 DNA에 '과장됨'이 내재되어 있는 게 참으로 자랑스러워.

지온아, 내가 어느 날 낮잠을 자는데 황당한 꿈을 꾸었어. 꿈에서 고모는 강아지 두 마리와 방 안에서 나른한 낮의 오후를 만끽하고 있었지. 하지만 불쑥 내 방에 호랑이 한 마리가 나타났지 뭐니. 큰 엉덩이를 하고 느릿느릿 내 방에 걸어 들어온 호랑이를 마주한 고모는 너무 놀라서 몸이 완전히 굳어 버렸다. 호랑이의 털은 완전한 백색이었어. 눈이 부실 정도로 흰 털을 가진 큰 호랑이였다. 다행히도 그 동물은 나를 발견하지 못했어. 정말 안타깝지만 강아지 두 마리는 방에 두고, 고모만 살금살금 기어서 방을 탈출했단다. 방에서 나온 고모는 엄마에게 달려가서 아주 작은 목소리로 "엄마, 집에 호랑이가 들어왔어."라고 말했어. 너무 두려워서 벌벌 떨면서 겨우겨우 입을 뗐는데 내 말을 듣던 엄마는 가볍게 웃더니, 집에 들어온 호랑이는 사람을 해치지 않는다는 거야. 어찌나 마음이 놓이던지, 그래서 살짝 방문을 열어보니 그 호랑이는 강아지들과 잘 놀고 있더라고. 정말 개운했어. 그 낮잠은 고모가 오래도록 잊을 수 없는 아주 특별한 잠이었단다. 기분이 상쾌해진 고모는 로또를 살까 고민하다가 먼저 엄마에게 전화를 걸어서 내가 꾼 꿈에 대해 시시콜콜하게 이야기를 나눴어. 아마 너의 인생에 귀인이 올 건가 보다. 나의 엄마는, 그러니까 너의 할머니는 고모에게 그렇게 말했어.

그 꿈이 태몽이라는 걸 알게 된 건 며칠 지나지

않아서야. 너의 엄마와 아빠가 가족들에게 임신 소식을 알렸고, 나는 그때 꾼 꿈이 너를 상징한다는 걸 알게 되었어. 고모는 이전에 꿈으로 미래를 예측할 수 있다는 건 전혀 있을 수도 없는 일이라고 생각했었거든 그런데 이 경험은 그 무엇으로도 설명할 수 없는 참 기이한 것이었다. 그와 동시에 고모는 조금씩 깨닫게 되었어. 생명이라는 건, 단순히 유기적인 결합에 의해 발생하는 우연이 아니라는 사실을 말이야. 생명은 온 우주의 일이라는 말이 있는데, 고모는 지온이를 생각하면, 이 문장의 뜻을 조금은 알 것 같기도 해. 인간의 지식으로는 결코 이해할 수 없는 세계의 존재를 인정하고, 지극히 겸손한 자리로 나 자신을 인도하게 된단다. 지온이는 존재만으로 고모라는 한 인간에게 큰 깨달음을 주었어. 그래서 나는 아주 오래도록 지온에게 빚진 마음으로 살 수밖에 없을 것 같아.

너를 내 품에 안았을 때, 고모의 마음속에 있는 모든 심란한 마음이 갑자기 눈 녹듯 사라지고 오직 너라는 아름다운 생명의 무게만이 내 품에 존재하고 있었다. 나는 그 사실만으로 말로 다 표현할 수 없는 행복감을 경험했단다. 오직 지온만이 고모에게 줄 수 있는 감각이야. 너를 안을 때마다 나는 생명을 한 뼘 더 사랑하게 되고, 더 좋은 사람이 되고 싶다는 마음을 품게 돼. 그냥 대충 시간을 때우는 게 아니라 나에게 주어진 모든 순간을 진정성 있게 누리고 싶다는 생각. 너는 고모에게 생기를 불어넣어 주는, 그래서 더욱 생명력 있게 이 땅에 발을 딛게 하는 그런 존재야. 너는 정말 아름답다. 귀엽고, 사랑스럽고, 참으로 아름답다. 나는 지온이가 앞으로 이 세상을 살아갈 때, 그저 존재만으로 충분히 아름답기에 그 사실로 인해 매일의 일상에 충만함을 누리는 그런 사람이면 좋겠어.

지온, 사랑하는 지온, 서른다섯 살의 고모는 아직도 삶이 무어라 콕 집어서 말할 수 없다. 하지만 지온에게 무조건 사랑을 주는 사람이 바로 여기에 있음을 꼭 말해주고 싶어. 물론 산다는 건 쉽지 않아. 지온이가 다양한 소리로 불편과 괴로움을 표현하며 엉엉 우는 걸 볼 때마다 삶은 아이든 어른이든 누구에게나 쉽지 않다는 사실을 느낀다. 그래도 우리는 서로의 존재를 통해 삶의 의미를 찾고, 창조의 신비를 경험하며 매일의 아침을 맞이해. 오늘도 지온이 일과를 마치고 눈을 감을 때, 오늘도 잘 살았습니다. 라는 말로 하루를 마칠 수 있다면 더 바랄 게 없겠다. 지온을 위해 늘 하나님께 기도하고, 내일 더 너를 사랑하는 것으로 고모는 고모의 역할을 다할게. 늘 고맙고, 사랑한다.

2022년 3월, 고모가 사랑하는 지온에게 씀

맺음말

끓는 열정으로 20대를 꽤 치열하게 살았다. 낯선 땅에서 맨몸으로 일하고, 위험한 줄도 모르고 그냥 아무나 만나고, 어떤 주저함도, 두려움도 없이 불도저처럼 살았다. 하지만 이 모든 열정의 끝에 '허무'가 기다리고 있는 줄은 꿈에도 몰랐다. 이제와 고백하자면 30대 대부분의 시간은 '허무'와의 대면이자 투쟁이었다. 지금도 여전히 내 마음속 깊은 곳에는 인생에 대한 덧없음이 마치 녹은 아스팔트처럼 죽죽 늘어져 있다.

책의 가장 마지막에 어떤 글을 넣으면 좋을까 많이 고민했다. 고민 끝에 조카 지온이에게 쓴 편지를 골랐는데, 지온이가 갓 태어났을 때 쓴 글이다. 지온이에게 쓴 편지는 결국 나에게 쓰는 편지이기도 하다. 우리는 서로의 존재를 통해 삶의 의미를 찾을 수 있고, 서로의 존재를 통해 궁극적인 창조의 신비를 경험할 수 있다고 지온이에게 말한다. 정말 이 말을 믿기 때문에 썼다기보다는 믿고 싶어서 글로 썼다.

매일 밤, 잠이라는 죽음에 들어갔다가, 다음 날 아침, 기상이라는 생명으로 눈 뜬다. 그래서 매일 아침마다 참 의아한 기분이 드는 것이다. "왜 아직도 죽지 않고 살아있지?" 아직 죽지 않았다는 건 새로운 생명이 주어졌다는 뜻이다. 그래서 하루라는 생명이 유난히 갸륵하게 느껴져 대충 살고 싶지 않은 마음이 든다. 아침에 마시는 커피는 그렇기 때문에 매일

맛이 다른 것 같다.

    친구들과 아무 말이나 하며 호탕하게 웃는 내가 있는가 하면, 삶에 대한 괴로움에 사무치는 마음으로 몸부림치는 내가 있다. 아마 우리는 다 비슷한 모습을 하고 있지 않을까. 완전히 즐거운 삶도 없고, 완전히 괴롭기만 한 삶도 없다. 꽤나 괴롭고 적당히 즐거운 인생. 모든 인생들에게 하고 싶은 말은, 나도 그렇다는 것. 별반 다르지 않다는 것. 이것뿐이다.

수 수 진

작가소개

수수진은 시각 예술가이자 일러스트레이터로, '적은 것이 모두를 이롭게 한다'라는 철학을 기반으로 디자인, 그래픽, 회화 등 다양한 형식의 작업을 이어오고 있다. 단순한 형태를 활용해 일상과 감정, 신념을 담아내는 방식의 작업을 지속해왔으며, 최근에는 개인전 형태의 '사랑이 넘치는 예술 상점' 시리즈를 통해 세대와 취향을 어우르는 시공간 개념의 창작을 시도하고 있다. 삼성전자, LG전자, SM, 네이버, 휠라 키즈, 어도비 코리아, 무인양품, 올리브영 등 다양한 브랜드와의 협업을 통해 상업성과 예술성의 균형을 탐색하며 활발한 활동을 이어가고 있다.

(*수수진의 작품은 시각적 결과물에만 머무르지 않고, 관객 개개인의 기억과 감정을 되새기게 하는 힘을 가지고 있다는 평가를 받는다.)

instagram @soosoojin

목 늘어난 티셔츠가 지저분해 보이지 않는 이유

목 늘어난 티셔츠가 지저분해 보이지 않는 이유
STORAGE BOOK & FILM series #21

글 수수진

편집 오종길
일러스트 수수진
디자인 김현경

펴낸곳 STORAGE BOOK AND FILM
홈페이지 storagebookandfilm.com
이메일 juststorage.press@gmail.com

instagram **@storagebookandfilm**

초판 1쇄 2025년 8월 29일